JN272435

もてなしごはんのネタ帖

山脇りこ

講談社

「うちにごはん食べにこない?」「うちで飲もう!」みんなを誘いたくなる、
おいしくって、しゃれてて、見ばえのする(←大事!)品々を集めました。
ほんとうは誰にも教えたくない、ワクワクするメニューばかり。
この本があれば、いつのまにか、もてなしの達人になれる!
もてなしごはんのネタ帖です。

contents

part 1
かわいい! ビジュアル系でサプライズなメニューたち

- ズッキーニロール —— 5
- ベリーのマチェドニア —— 5
- すいかっぷサラダ —— 6
- アボカドのグラタン —— 6
- 豆のヨーグルトサラダ —— 7
- いかタマ —— 7
- ドルチェチーズ —— 7
- **カクテル5人衆 —— 8**
  - ・パイナップルと帆立てのカルパッチョ
  - ・キウイ、長芋、まぐろのタルタル
  - ・えびといちごのピースなカクテル
  - ・夏の薬味カクテル
  - ・トマトマンゴーサラダ
- **心強い助っ人の DIP × DIP —— 10**
- 混ぜるだけかんた〜ん♪の
  - サワークリーム 4 姉妹
  - ・サワークリーム & マーマレード
  - ・サワークリーム & コーヒー
  - ・サワークリーム & アボカド
  - ・サワークリーム & 白みそ
- 我が家の定番 & 個性派ディップ4選
  - ・マイフムス
  - ・酒かすブルーチーズ
  - ・ワカモレ
  - ・みそバター

part 2
これがあれば百人力! バリエ広がる「料理の素♪」教えちゃいます

- グリンピースのピュレ —— 15
  - ・ピースすうぷ
  - ・えびといちごのピースなカクテル
- ドライフルーツビネガー —— 16
  - ・マンゴーとクランベリーのグリーンサラダ
  - ・アボカドと苦み野菜のサラダ
  - ・ドルチェトースト
- とまらないじゃこナッツ —— 18
  - ・じゃこナッツ豆腐
  - ・じゃこナッツ親子パスタ
  - ・じゃこナッツ混ぜご飯
- 豆腐くるみあん —— 20
  - ・和風卵サンド
  - ・季節のゆで野菜豆腐あん
  - ・きんかんの変わり甘露煮
- 大人のトマトソース —— 22
  - ・大人の贅沢トマトパスタ
  - ・リボリータ
  - ・トマトとマイフムスのムース風カクテル
- マルチ肉みそ —— 24
  - ・ひと口ジャージャー麺
  - ・肉みそおにぎり
  - ・肉みそチンジャオロース レタス包み
  - ・厚揚げマーボー豆腐
- 山形のだしプラス —— 26
  - ・おもてなしあじの塩焼き
  - ・夏の油揚げ
  - ・豆腐カクテル
- 基本の甘酢 —— 27
  - ・新しょうがの甘酢
  - ・みょうがの甘酢
  - ・新じゃが芋の甘酢

特徴的な料理にアイコンを付けました

🍱 持ち寄りにおすすめの料理です。

🍱 日持ちするので、時間のあるときに作り置きできます。

❗ ビジュアルや味で「わぁ!」と驚きのある料理です。

🌙 前日下ごしらえをしておけば、当日はひと手間だけで仕上がります。

この本のきまり
- ●計量の単位は、大さじ1=15㎖、小さじ1=5㎖、カップ1=200㎖、1合=180㎖です。
- ●だし汁は、断り書きのないものは昆布とかつおの削り節でとったもの(P42)を使っています。
- ●電子レンジは800W、オーブントースターは1000Wのものを使用しています。加熱時間は、お手持ちの機種に合わせて加減してください。

part 3
一皿豪華主義！ 今日は意を決して、これだけはがんばってみよう！

- めでたい焼き —— 31
- マンハッタンポーク —— 32
- りんご角煮 —— 34
- さんまのほっこりハーブ炊き込みご飯 —— 35
- ドライフルーツと木の実の
  テリーヌ・ド・カンパーニュ —— 36
- 牛すね肉のフルッタ煮込み —— 38
- プルーンスペアリブ —— 39
- プーロ・ポー ～丸鶏のシンプル煮込み～ —— 40
- 〆のリゾット —— 41

part 4
ふだんのおかずをよそいきに♪ いつものごはんもグレードアップ！

- ラムレーズンポーク —— 45
- ゴーヤバーグ —— 45
- よそいきなぶり照り焼き —— 46
- ぶり玉つみれ汁 —— 46
- 気取ったマヨなしポテトサラダ —— 47
- 春菊のみかんポン酢あえ —— 47
- ほろ酔い豚 —— 48
- 玉ねぎのスープ —— 48
- 信太巻き —— 49
- **あるものでササッと作れる（はずの）
  小さなおつまみ** —— 50
  - じゃが芋みそグラタン
  - じゃが芋のガレット
  - オイルサーディンのしょうが煮
  - アンチョビとりんごのサラダ
  - 酒かすバナナトースト
  - たたききゅうりと甘夏、セロリのサラダ
- ピンチョス3種 —— 53
  - レモン、じゃが芋、アンチョビ
  - 煮豆＋つくだ煮
  - いちじく＋ブルーチーズ

part 5
メインにもなる〆のご飯と麺、組み合わせにひと工夫、ひとセンス

- ごぼうだけ！ご飯 —— 55
- にんじんだけ！ご飯 —— 55
- まぐろとアボカドのづけちらし —— 56
- スモークサーモンとブラックペッパーの
  レモン風味ずし —— 57
- 干しさばとしょうがのご飯 —— 58
- 黒こしょうのショートパスタ —— 59
- 冷やしゃぶゴーヤそうめん —— 60
- トマト黒ごまそうめん —— 60
- 季節の長崎皿うどん —— 61

part 6
簡単＆シンプルなお手製デザートで、自分をほめてあげたい！

- ティラミス —— 65
- 黒糖ゼリーとゆかり白玉 —— 66
- アイスビスケット —— 67
- バルサミコ・デ・アイス —— 67
- 干し芋のパルフェ —— 67
- 真っ赤なゼリー —— 68
- 甘夏寒 —— 68
- 大人のグラニータ —— 69
  - すいかのグラニータ
  - バジルのグラニータ
- コンポート —— 69
  - 柿の黒糖コンポート
  - いちじくのなんちゃってコンポート

part 7
シーン別コーディネートでテーブルを楽しく演出する

- 楽しいテーブルコーディネート、いろいろ —— 71
- ママ友を初夏のランチに呼んじゃおう！ —— 72
  - にんじんだけサンド きゅうりだけサンド
- お義母さまがやってくる！ YA! YA! YA! —— 74
  - 里芋の炊いたん
- クリスマスはカジュアル＆ややリッチに —— 76
  - 白いマッシュルームのサラダ

私が楽しい♪ が、みんながたのしい。—— 79

column

- ● テーブルを演出して、ワクワク気分を盛り上げよう —— 12
- ● 自家製ドリンクでカンパイ！ —— 28
  - 梅酒ジン・梅酢・レモンチェッロ・大人の新しょうがジン
- ● だしさえ覚えれば、料理は簡単＆シンプル＆美味に —— 42
- ● レッツ♪ 調味料と食材をめぐる冒険へ！ —— 62

part 1

かわいい！　ビジュアル系で
サプライズなメニューたち

わっ、すごいっ！　お店みたい！　歓声が上がってキュン♡とする一皿を集めてみました。おもてなしもいつもの料理でOKとはいうものの、やっぱり少し違う、感激される料理を出してみたいに決まっています。そこで、うちでお出しして、たくさんのサプライズを生んだ面々を。長芋とキウイ、パイナップルと帆立てなど、意外で、おいしくって、かわいーい組み合わせや、ずららっと並ぶディップで、まずはびっくりしてもらいましょう。

ズッキーニロール

ズッキーニとわかるようにグリーンのラインを意識してぐるぐる巻いて。芋虫ではないですよ（笑）。

材料（4人分）
ズッキーニ … 1本
カマンベールチーズ … ½個（50g）
塩 … 適量

1 ズッキーニはスライサーで片側に皮目が残るように縦に薄切りにし、軽く塩をふってしんなりさせる。
2 チーズは5cm長さの棒状に切る。
3 **2**に**1**をらせん状に巻く。
4 耐熱皿に並べて軽く塩をふり、オーブントースターで約4分、チーズがとろっとするまで焼く。

ベリーのマチェドニア

色を1トーンにそろえるのがセンスよく見せるコツ。赤系のフルーツだけを集めてみました。

材料（4人分）
りんご … ½個
いちご … ½パック
ブルーベリー … 1パック
ラズベリー（冷凍でも可） … 約30粒
レモン汁 … ½個分
●シロップ
　サイダー（甘くないもの） … カップ1
　白ワイン … カップ1½
　氷砂糖 … カップ1弱
　レモン汁 … ½個分
　クローブ … 3粒
　シナモンパウダー … 小さじ⅓
ジュニパーベリー … 適宜（10粒くらい）

1 シロップを作る。サイダー以外のシロップの材料と、あればジュニパーベリー10粒を鍋に入れて火にかけ、沸騰したら火をとめる。さめたらクローブを取り除き、サイダーを加える。
2 りんごは皮をむく。いちごとともに食べやすい大きさに切る。すべてのフルーツを器に入れ、レモン汁をふって全体にからめる。**1**を加え、冷蔵庫で2時間以上おく。

すいかっぷサラダ

ジャジャ〜ン！ すいかが器だなんて！ 盛り上がり度は急上昇。食べるのが楽しいサラダです。

材料（2台分）
小玉すいか … 1個
きゅうり … 2本
プチトマト … 1パック
セロリの白い部分 … 1本分
長芋 … 10cm
塩 … 適量
●バジルドレッシング
　バジル … 20枚
　米酢 … 大さじ2
　レモン汁 … ½個分
　はちみつ … 小さじ1
　オリーブ油 … 大さじ2

1 すいかは半割りにして大きめのスプーンで果肉を取り出し、種を除いて食べやすい大きさに切る。器にする皮は、安定するように底の部分を平らに切る。

2 きゅうりは皮をむいて縦4つに切り、いちょう切りにし、塩1つまみをまぶす。

3 プチトマトは半分に切り、塩1つまみをまぶす。2とともに約10分おき、出てきた水分を捨てる。

4 セロリは筋を取り、皮をむいた長芋とともにきゅうりと同じくらいの大きさに切る。

5 ドレッシングを作る。バジルは飾り用に2枚残し、細かく刻む。残りのドレッシングの材料をよく混ぜて、刻んだバジルとあえる。

6 1〜4をボウルに合わせ、5のドレッシングをからめる。1のすいかの器に入れて、バジルを飾る。

memo1：余ったすいかのサラダはグラスなどに盛りつけて。
memo2：サラダを保存容器に入れて、すいかの「器」を持参すれば、持ち寄りパーティーで話題の的！

アボカドのグラタン

簡単なのにパーティー感漂う一品。たくさん焼いて大皿に盛りつけると華やかです。

材料（4人分）
アボカド … 2個
生ハム … 4枚
好みのチーズ（カマンベール、
　ブリーなど）… 4かけ
溶けるチーズ … 好みの量
塩、こしょう … 各少々
ピンクペッパー … 適宜

1 アボカドは縦半分に切って種を除き、安定するように底になる部分を平らに切る。

2 表面に塩、こしょうをして、くぼみに生ハムと好みのチーズをのせる。溶けるチーズを散らして、オーブントースターで5分焼く。

3 器に盛り、あればピンクペッパーを飾る。

豆のヨーグルトサラダ

真っ白の中に豆だけ。こんな意外性が、「わぁ、なんだかオシャレ！」と喜んでもらえます。

材料（4人分）
豆の缶詰（レッドキドニービーンズ、
　ひよこ豆、大豆など）… 1缶
ヨーグルト（無糖）… 1パック（300g）
塩 … 小さじ½
レモン汁 … ½個分
マヨネーズ … 適宜
ディル … 適宜

1 キッチンペーパーを敷いたざるにヨーグルトをのせ、2時間以上おいて水分を抜いておく。
2 豆は缶詰臭を抜くため、熱湯にくぐらせてからざるに上げ、水けをきる。
3 1のヨーグルトに塩、レモン汁を加え、2の豆を加えてからめる。好みでマヨネーズ大さじ1を加え、あればディルを飾る。

memo：ヨーグルトをしっかりめに脱水するのがコツ。豆の水分もよくきってあえましょう。

いかタマ

半熟卵の「とろ～ん」と、いかの「コリッ」がからまる、ありそうでなかった未体験の食感!?

材料（4人分）
いか（刺身用）… 150g
卵黄 … 2個分
薄口しょうゆ … 小さじ2
みりん … 小さじ1
七味唐辛子、すだち … 各適宜

1 いかは細切りにし、約70度（フツフツして手で触れないくらいの温度）の湯にサッとくぐらせ、湯引きする。
2 鍋に湯せん用の湯を沸かす。卵黄を耐熱容器に入れ、しょうゆ、みりんを加えてよく混ぜる。これを容器ごと湯せんにする。常に混ぜながら、とろりとした抵抗を感じたらすぐ上げる（とろりから固まるまではアッという間。気をつけて！）。
3 1に2をからめて器に盛り、あれば七味唐辛子をふり、すだちを飾る。

memo：ご飯にのせて〆のプチ丼にしても。

ドルチェチーズ

たった1アクションでテンションが上がる、大人かわいいデザート。ワイン会なら最初に出しても◎。

材料（4人分）
カマンベールチーズ … 1個
好みのドライフルーツ（いちじく、
　干しぶどうなど）… 大さじ4
ラム酒（ワインや各種リキュールでも）
　… 大さじ3

1 ドライフルーツをキッチンばさみなどで細かくし、ラム酒につけて2時間以上おく（冷蔵庫で2週間保存可）。
2 チーズに十字に切り込みを入れて耐熱皿にのせ、1をはさみ込むようにつけ汁ごとかけて、オーブントースターで5分焼く。

■ カクテル5人衆

意外な組み合わせでノックアウト！ フルーツを加えると華やかになるだけでなく、個性的な甘みや酸味で印象的な一皿になります。

パイナップルと帆立てのカルパッチョ

同じ大きさのダイス状にカットすることで、ぐんとあか抜けます。

材料（4人分）
カットパイナップル … 6～7切れ
帆立て貝柱（刺身用）… 6個
ライム汁またはレモン汁 … 小さじ1
塩 … 小さじ⅓
●ソース
　白ワイン … 大さじ3
　薄口しょうゆ … 大さじ1⅓
ディル … 適宜

1 ソースの材料を小鍋に入れて火にかけ、フツフツ沸いてきたら火をとめ、さましておく。
2 帆立て貝柱は約70度（フツフツして手で触れないくらいの温度）の湯にサッとくぐらせて湯引きする。
3 **2**とパイナップルを1cm角のさいの目切りにして合わせ、ライム汁、塩であえる。
4 器に**3**を盛りつけて**1**のソースをかけ、あればディルを飾る。
memo：パイナップルの酵素の力でねっとりとした食感になります。

キウイ、長芋、まぐろのタルタル

なにげにクリスマスカラーです。

材料（4人分）
キウイ … 1個
長芋 … 約7cm
まぐろ（刺身用）… 7～8切れ
塩 … 適量
●たれ
　酢 … 小さじ1
　しょうゆ … 大さじ1
　みりん … 大さじ1
イタリアンパセリ、レモン … 各適宜

1 キウイ、長芋は皮をむき、まぐろとともにそれぞれ7～8mm角のさいの目切りにし、キウイと長芋に軽く塩をふってあえる。
2 たれの材料を混ぜ合わせ、まぐろにからめる。
3 器に、**2**と**1**を交互にのせて、あればイタリアンパセリとレモンを飾る。
memo：キウイと長芋は意外だけどとても合うので、サラダのトッピングにしたり、いろいろ使えます。

えびといちごの ピースなカクテル

えびといちご!? このグリーンはなあに? 素材のままの天然色が乙女心をくすぐります。

材料と作り方はP15を参照。

夏の薬味カクテル

切るだけで簡単……に見えないところが魅力です。あえてキッチュなグラスに入れて楽しむ手も。

材料（4人分）
オクラ … 1パック
新しょうが … 1かけ
みょうが … 3個
青じそ … 5枚
アボカド … 1個
とろろ昆布 … 1つかみ
レモン汁 … 小さじ2
二杯酢（P43）
　またはポン酢 … 大さじ4

1 オクラはサッとゆでて、薄い小口切りに。新しょうが、みょうがは粗みじん切りにする。青じそは縦2等分にしてからせん切りにする。アボカドは種を除き、1cm角のさいの目切りにする。
2 ボウルに1を入れ、とろろ昆布を細かくちぎって加える。レモン汁を回しかけ、ねばりが出るように混ぜてなじませる。
3 器に2を盛りつけ、二杯酢をかける。
memo1：水きりした豆腐を加えてもおいしい。
memo2：アボカドはきれいなグリーンにしたいので、あえる直前に切ります。

トマトマンゴーサラダ

切り方をそろえただけでオシャレ度が上がります。レモンと塩だけでキリッとシンプルに。

材料（4人分）
トマト … 1個
マンゴー … 1個
きゅうり … 1本
チェダーチーズ
　（ダイスカット）… 20個
レモン汁 … 大さじ1
塩 … 小さじ½

1 きゅうりは皮をむいて8mm角のさいの目切りにし、塩1つまみ（分量外）をまぶして10分おき、水分を絞る。
2 トマトは種を除き、マンゴーは皮をむいて種を除き、きゅうりと同様のさいの目切りにする。
3 ボウルにレモン汁と塩を合わせて混ぜ、1、2、チーズを加えて混ぜる。
memo：チーズはほかにフェタチーズ、ペコリーノなど、塩けの強いものがおすすめ。

🔴 心強い助っ人のDIP×DIP

早めに作っておけるので大助かりなディップたち。
巷でよく見る顔とは一味違うレシピをご紹介します。

混ぜるだけかんた〜ん♪のサワークリーム4姉妹

どれもベースは一緒。なのにまったくの別人(?)に。種明かしをして盛り上がれるディップです。

■ サワークリーム＆マーマレード

材料
サワークリーム … 大さじ3
マーマレード … 大さじ3強
レモン汁 … 小さじ1

1 マーマレードは飾り用に少し残し、サワークリーム、レモン汁と混ぜ合わせる。
2 器に盛りつけ、飾り用のマーマレードをのせる。

memo：ディップはいずれもお出しするまで冷蔵庫に入れておく。

■ サワークリーム＆コーヒー

材料
サワークリーム … 大さじ4
インスタントコーヒー … 大さじ1強
黒砂糖(粉末) … 小さじ2
メープルシロップ … 大さじ1

1 インスタントコーヒーは飾り用に少し残し、サワークリーム、黒砂糖と混ぜ合わせる。
2 メープルシロップを加えてさらに混ぜ、器に盛りつけ、飾り用のインスタントコーヒーをのせる。

■ サワークリーム＆アボカド

材料
サワークリーム … 大さじ3
アボカド … ½個
ツナの水煮缶 … 1缶(80g)
レモン汁 … 小さじ1
塩 … 小さじ½
黒こしょう … 少々

1 アボカドは飾り用に少し残し、皮と種を除いてボウルに入れてつぶす。ツナは汁けをきる。
2 1のボウルにツナと残りの材料を順に加え、よく混ぜる。器に盛りつけ、飾り用のアボカドをのせる。

■ サワークリーム＆白みそ

材料
サワークリーム … 大さじ4
白みそ(関西系の甘めのもの) … 大さじ3
ぶぶあられ … 適宜

> サワークリームと白みそをよく混ぜ合わせて器に盛り、あればぶぶあられを飾る。

我が家の定番＆個性派ディップ4選

食べて「うん？」のひと味違うディップや、運命の組み合わせディップ、無意識に手が伸びてとまらない危険なディップも。

■ マイフムス

材料
ひよこ豆の水煮 … 1缶（400g）
すり白ごま … 大さじ3
カシューナッツ … 20粒
レモン汁 … 大さじ1
クミンパウダー … 小さじ½
豆乳 … 大さじ2
塩 … 小さじ1
オリーブ油 … 大さじ5
レモンの皮のすりおろし … ½個分
トマト … 適宜

1 ひよこ豆はサッとゆでてざるに上げ、缶詰臭を取り、少しやわらかくする。
2 1とトマト以外の材料をすべてフードプロセッサーにかける。
3 器に盛りつけ、あればトマトの切れ端を飾る。

memo：豆乳を増やしてゆるめに作っても。さらに増やすとスープに大変身！ 豆乳の代わりにスープストックでも。

■ 酒かすブルーチーズ

材料
酒かす（板状） … 4×10cm
ブルーチーズ … 20g
ピンクペッパー … 適宜

1 常温に戻した酒かすとブルーチーズを耐熱容器に入れ、電子レンジで40秒加熱し、よく混ぜ合わせる。
2 器に盛りつけ、あればピンクペッパーを飾る。

memo：りんごにのせて食べてもグッド。

■ ワカモレ

材料
アボカド … 1個
トマト … 1個
塩 … 小さじ1
レモン汁 … 小さじ2
ディル … 適量
レモンの皮 … 適宜

1 アボカドは皮と種を除いてつぶし、トマトはへたと種を除いてさいの目切りにする。ボウルにアボカド、トマト、塩、レモン汁、刻んだディルを入れて混ぜ合わせる。
2 器に盛りつけ、あればレモンの皮を飾る。

memo1：ディルの代わりにコリアンダー、またはバジルでも。
memo2：色が変わりやすいので直前に作ります。

■ みそバター

材料
麦みそ … 大さじ2
しょうゆ … 小さじ1
有塩バター … 70g

1 麦みそ、しょうゆ、バターを耐熱容器に入れ、電子レンジで1分加熱し、よく混ぜ合わせる。
2 10分ほどして固まりかけたら再びよく混ぜ、器に盛りつけて冷蔵庫で30分、冷やし固める。

memo：豚ロース肉にのせて焼いたり、ご飯に混ぜておにぎりにしても◎。

column 1

テーブルを演出して、ワクワク気分を盛り上げよう

目で楽しませるのも料理のうち。席につくなり「わ〜♪」と歓声が上がれば大成功。いつも楽しんでやっていること、ご紹介します。

フォークとナイフのセットにお箸も出したいとき、カトラリーを懐紙でまとめておけば、違和感はありません。

小さなグラスに1輪ずつ生けて。まとめて並べても、各自の手元に飾ってもステキ。

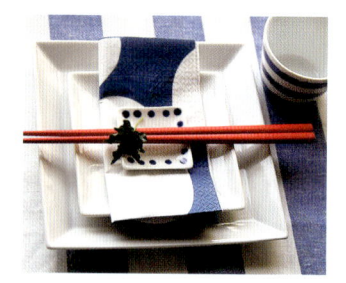

テーマカラーを決めてトーンを合わせれば、しましまや水玉など、柄がいろいろでも、かえって楽しい。

オレンジ色をベースに。花が1輪手元にあるだけで非日常感が出ます。

ピンチョスに便利なこんな楊枝も、小さなリボンを結ぶだけでかわいい演出に。

最近いろいろな懐紙があります。季節の柄も多く、ナプキンより控えめになるので、よく使っています。

花の代わりに、季節を感じる果物や野菜をテーブルに飾ることもよくあります。こちらは青梅。

資材屋さんで見つけた貝殻を使って、初夏のナプキンリングに。リボンも麻紐が気分です。

かわいい瓶のふた。箸置きにぴったり！じゃないですか。

箸置きはセンスを感じるポイント。ガラスの置物やおはじきなども活用しています。旅先で探すのも楽しい。

洗濯ばさみもよーく見るとかわいい形♪意外な使い道も!? コルクは転がり防止にかわいい色の糸を巻いています。

ハンドメイド好きの友達にはこんなニクイ演出で。糸巻きって、なんてかわいいのでしょう。

庭にありそうな草木花にいちばん季節感があるような気がします。小さなグラスに1輪ずつ。ラインに並べても美しい。

はなみずきの実。小さな小さなモチーフは、さりげなく、可憐に生けてあげると上品です。

たった一つ飾るだけでも、一気に盛夏のテーブルに早変わりします。

ガラスのコップに入れて、同色の皿に。ワントーンでまとめるとインパクト大で、あか抜けます。

和菓子についていた竹の器に、庭のぼけの枝を飾りました。1輪でも盆の上に漂う空気感で印象的に。

重箱は一年中使っています。乾燥も防げますし、なにを入れてもバージョンアップします。

正月は毎年好きな和紙千代紙を選んで、テーブルマット代わりに使っています。ググッと新春ムードに。

雑草なのですが、かわいかったので、カップ酒の器に飾ってみました。

英字新聞をセンターに使って、はねたりこぼれたりする肉料理などを、ワイルドに食べていただきましょう。

同じ形だけど柄が違う。ビシッとそろっていないゆるさが好きです。どれが好き？などと会話もはずみます。

昔の織帯をライナーに使ってみました。コスモスは小さな剣山に刺して、平たい豆皿にちょこんと。

どれにする？ これだけでテンションが上がります。ただの飲み会が一瞬でパーティーになりますよん。

part 2

これがあれば百人力! バリエ広がる
「料理の素♪」教えちゃいます

お客様となるとかなりの覚悟と準備がいる!? 料理のレパートリーが少なくて2回目は呼べない……。そんな声を耳にします。そこで、最強の「料理の素♪」をご紹介します。これさえあれば、おもてなしも3年は困らない(?)はず。ピュレがカクテルやスープに、じゃこナッツが混ぜご飯やパスタに。もちろんふだんの献立にも役立ちます。「週末はお客さん!」だったら、時間があるときに作っておいて、その日を余裕で迎えましょう。

鮮やかなグリーンにほれぼれ。豆乳を加えてスープに、カクテルにすれば「これなあに？」と話題の的に。

料理の素

グリンピースのピュレ

材料（4人分）
グリンピース（冷凍）… 250g
白ワイン … カップ½
塩 … 小さじ½
砂糖 … 1つまみ
豆乳 … 大さじ2

1 鍋を火にかけ、グリンピースを冷凍のまま入れる。
2 火が入り、グリンピースが解凍したら白ワインを注ぐ。グツグツしてきたら、塩、砂糖、豆乳を加え、沸騰する前に火をとめる。
3 2をミキサーにかける。
memo：冷凍庫で約2週間、冷蔵庫で約3日間保存可。

バリエ 1
ピースすうぷ

材料（4人分）
グリンピースのピュレ2に対して豆乳1の割合（だし汁や牛乳でも）
ピンクペッパー … 適宜

> 鍋にグリンピースのピュレと豆乳を入れて、沸騰させないように弱火でのばす。器に盛り、あればピンクペッパーを飾る。
memo：よりなめらかにするときは、スープを目の細かいざるでこす。

バリエ 2
えびといちごの ピースなカクテル

材料（4人分）
グリンピースのピュレ … カップ1
無頭えび（ブラックタイガーなど）… 8尾
いちご … 8個
レモン汁 … 大さじ1
サワークリーム＆マーマレード（P10）… カップ1
イタリアンパセリ … 適宜

1 えびは殻をむき、背に包丁を入れて背わたを除く。塩（材料表外）をふって洗い、片栗粉（材料表外）をまぶして細かい汚れを取り、洗い流す。
2 沸騰した湯で1を赤くなるまでゆでて3等分にし、レモン汁をふる。
3 いちごは4〜6等分に切る。
4 ガラスの器にいちご、サワークリーム＆マーマレード、えびの順で2回くり返して層にし、最後にグリンピースのピュレをたっぷりかける。あればイタリアンパセリを飾る。

ドライフルーツを酢につけておくだけ！
ドレッシング代わりに使ったり、カナッペ
にしてもオシャレです。

料理の素

ドライフルーツビネガー

材料（4人分）
好みのドライフルーツ（マンゴー、
　干しぶどう、アプリコットなど）
酢 … 適量

> 好みのドライフルーツを保存容器に入れ、ひたひたまで酢を加えて、半日以上つけておく。

memo1：ふたやラップをして、冷蔵庫で約5日間保存可。
memo2：ドライフルーツの甘みを砂糖などの調味料代わりにすることでやさしい甘さになります。

バリエ 1
マンゴーとクランベリーのグリーンサラダ

材料（4〜5人分）
ドライフルーツビネガー … 150㎖
　（ここではマンゴー4切れ、
　クランベリー20粒、酢150㎖で作製。マンゴーは食べやすい大きさに切る。）
好みの葉野菜（エンダイブ、ルッコラなど）
　… 適量
オリーブ油 … 適宜

> 野菜はよく水けをきってからボウルに入れ、ドライフルーツビネガーを酢ごと回しかけて軽くあえる。好みでオリーブ油を回しかけても。

バリエ 2
アボカドと苦み野菜のサラダ

材料（4～5人分）
ドライフルーツビネガー … 150㎖
　（ここでは熱湯をかけて甘みを抜いたプルーン3個と、いちじく大5個、酢150㎖で作製。いずれも食べやすい大きさに切る）
アボカド … 1個
チコリ … 1枚
セロリ … 2本
くるみ … 正味50g
好みのチーズ（フェタチーズ、クリームチーズなど）
　… 100g
卵 … 適宜

1 アボカドは皮と種を除き、チコリ、セロリ、くるみ、チーズとともに食べやすい大きさに切ってボウルに入れ、ドライフルーツビネガーを酢ごと加えてよくあえる。
2 1を器に盛り、あればポーチドエッグを作ってのせ、くずしながら食べる。
memo：バゲットやクラッカーにのせてもおいしい。

バリエ 3
ドルチェトースト

材料（4人分）
ドライフルーツビネガー … 150㎖
　（ここではマンゴー5切れ、干しぶどう30粒、酢150㎖で作製。マンゴーは干しぶどうと同じくらいの大きさに切る）
好みのパン（ハード系など）… 4枚（小8枚）
クリームチーズまたはスライスチーズ
　… 50g
はちみつまたはメープルシロップ … 適宜

> パンにクリームチーズを塗って、ドライフルーツビネガーの酢を軽くきってのせ、オーブントースターで2～3分焼く。好みではちみつをかける。

ほんとーに出番の多い我が家の定番です。そのままおつまみに、パスタやご飯に合わせても立派な一品に。

料理の素

とまらないじゃこナッツ

材料（作りやすい分量）
じゃこ（乾燥でも生でも可）… 100g
松の実 … 50g
くるみ … 50g
ごま油 … 大さじ2
かぼちゃの種、くこの実 … 各適宜

1 じゃこはざるに入れて、臭みを抜くため、熱湯をかける。フライパンにごま油を熱してじゃこを加え、乾燥の場合は4〜5分、生の場合はもう少し長く、きつね色になってはねるまで炒める。
2 松の実、くるみ、あればかぼちゃの種やくこの実を加え、全体を混ぜながら、焦がさないように炒める。
memo：冷蔵庫で1週間保存可。

バリエ 1
じゃこナッツ豆腐

材料（4〜5人分）
じゃこナッツ … カップ1½
木綿豆腐 … 2丁
●合わせじょうゆ
　しょうゆ … 大さじ1
　酢 … 大さじ1

1 豆腐はキッチンペーパーなどで水けをとる。
2 1を食べやすい大きさに切って皿に並べ、できたてのじゃこナッツを上からかけ、合わせじょうゆをジュッと回しかける。
memo：作り置きのじゃこナッツを使うときは、フライパンで軽く炒ってから使う。

バリエ 2
じゃこナッツ親子パスタ

材料（4人分）
じゃこナッツ … カップ1
好みのパスタ … 200g
　塩 … 小さじ½
ベーコン … 100g
オイルサーディンの缶詰 … 1缶
サラダ油 … 少々
レモン … 適宜

1 鍋にたっぷりの湯を沸かして塩を加え、パスタを表示の時間より1分短くゆでる。
2 フライパンにサラダ油を熱し、細切りにしたベーコンを炒めて、オイルサーディンを加え、ほぐす。じゃこナッツを加えてさらに炒める。1のパスタを加えて、全体にからめる。好みでレモンをギュッと絞って食べる。

バリエ 3
じゃこナッツ混ぜご飯

材料（4人分）
じゃこナッツ … 適量
白米 … 適量

> 炊きたてのご飯に混ぜるだけ。

フードプロセッサーでガーッとするだけ。
ゆで野菜がたちまち料亭料理に変身?!
する、使える「あん」なのです。

料理の素

豆腐くるみあん

材料（作りやすい分量）
絹ごし豆腐 … ½丁（150g）
くるみ … 30g
白みそ … 大さじ2
すり白ごま … 大さじ1
黒砂糖 … 小さじ2
薄口しょうゆ … 小さじ2
みりん … 小さじ1
豆乳（無調整） … 大さじ2
塩 … 小さじ⅓

> すべての材料をフードプロセッサーに入れて混ぜ合わせる。

memo1：酢大さじ1を加えると和風マヨネーズのような白酢になります。サラダにも。
memo2：2日以内に使いきって。

バリエ 1
和風卵サンド

材料（4人分）
豆腐くるみあん … 大さじ2
卵 … 2個
塩 … 1つまみ
バゲットのスライス … 8枚
ゆかり … 適宜

1 卵を水から約12分ゆでてかたゆで卵を作り、殻をむく。
2 ボウルに豆腐くるみあんと1、塩を入れ、フォークなどで卵をつぶしながら混ぜ合わせる。
3 バゲットをオーブントースターで軽く焼き、2をのせる。好みでゆかりをふる。

ゆでたモロッコいんげんに。

いちじく、マスカット、いんげんなど季節の野菜と果物に。

ゆでた菜の花にかけて、つけ合わせ（ここではきんかんの変わり甘露煮）を添えて。

バリエ 2

季節のゆで野菜豆腐あん
豆腐くるみあんをゆで野菜にかけるだけの簡単さ！

● 葉野菜のゆで方
上手にゆでるのってじつは難しい。短時間勝負なので、決して鍋から離れてはいけません。

● 1わくらいの場合

1 春菊などの場合、葉だけを使うか、茎と葉に分ける。
2 フライパンなど、葉が重なりすぎず均一に入る口の広い鍋に湯を沸かし、沸騰したら茎を入れ、10秒後に葉を加え、ふたをしてゆっくり5つ数えて火をとめる。20秒ほどでざるに上げ、冷水にさらす。

■ きんかんの変わり甘露煮

野菜と合わせるなんて意外でしょう？ ピンチョスにしてもOK。オレンジ色が効かせ色になってくれます。

材料（作りやすい分量）
きんかん … 20個（400g弱）
氷砂糖 … 180g
ジン … カップ1½
コアントロー … 大さじ1
レモン汁 … 大さじ1
ローズマリー（フレッシュ）… 1枝
クローブ（乾燥）… 3粒

1 きんかんは洗って、30分程度水につけておく。
2 1を引き上げ、へたを取り、楊枝で4〜5ヵ所小さく穴をあける（煮たときに皮がやぶけてしまわないように）。
3 鍋に2のきんかんと残りの材料を入れて弱火にかけ、30分ほどクツクツ煮たら火をとめ、そのままさます。

オイルもにんにくも水も使わず、トマトだけで作る潔さ。シンプルなのでいろいろな料理に化けてくれます。

料理の素

大人のトマトソース

材料（作りやすい分量）
トマト … 大4個
トマトの水煮缶（ダイスカット）
　… 1缶（280g）
天然塩 … 小さじ1
砂糖 … 小さじ½

1 トマトは皮をむいてざく切りにし、種を除く。
2 トマト缶は缶汁を捨てる。
3 1と2を鍋に入れて、中火弱にかけ、フツフツしてきたら弱火にし、3割減になるまで約40分煮つめる。
4 塩と砂糖を加えて混ぜ、さらに20分ほど煮て火をとめる。

memo1：水分が半量になり、もったりすればOK。トマト缶がホールの場合は、つぶしながら煮る。
memo2：冷蔵庫で10日間保存可。

バリエ 1
大人の贅沢トマトパスタ

材料（2～4人分）
大人のトマトソース … カップ1
ショートパスタ（ペンネなど）… 160g
塩 … 小さじ1
コンソメスープまたはスープストック
　… カップ3
粗びき黒こしょう … 適量
チーズ、バジル … 各適宜

1 鍋でスープの半量を温め、塩とパスタを加える。スープが減ったら温めたスープを足しながら、ひたひたの状態を保ち、火を入れていく。表示時間になったら触ってアルデンテを確かめ、火をとめる。
2 セルクル型にトマトソースを盛り、中央にパスタを盛りつけ、黒こしょうをふる。セルクルをはずし、好みでチーズをのせ、あればバジルを飾る。

memo：パスタとトマトソースをからめて盛りつけても◎。

バリエ 2
リボリータ

材料（4人分）
大人のトマトソース … 大さじ3
ズッキーニ … 1本
にんじん … ½本
なす … 2個
トマト … 1個
大豆の水煮（缶詰）… カップ1
固くなったバゲット … ½本
オリーブ油 … 大さじ1
バルサミコ酢 … 小さじ2

1 ズッキーニは5mm厚さの輪切りに、にんじんは縦半分に切ってから薄切り、なすは斜め薄切り、トマトは皮と種を除き、ざく切りにする。大豆は熱湯をかけて缶詰臭を抜く。
2 フライパンにオリーブ油を熱し、1をにんじん、なす、ズッキーニ、トマトの順に炒める。大豆を加え、全体がしんなりしてきたらパンをちぎって入れ、トマトソースを加えてふたをし、約10分煮込む。
3 仕上げにバルサミコ酢を加えて、火をとめる。
memo1：冷蔵庫で3日間保存可。
memo2：リボリータ＝もう一度煮るというだけあって、次の日がおいしい。前日に作っておける素朴なごちそう。白ワインがすすみます。

バリエ 3
トマトとマイフムスのムース風カクテル

材料（4人分）
大人のトマトソース … 大さじ6
マイフムス（P11）… 大さじ4
豆乳（無調整）… 大さじ2
ヨーグルト（無糖）… 1パック（300g）

1 キッチンペーパーを敷いたざるにヨーグルトをのせ、5時間以上おいて水分を抜いておく。
2 マイフムスに豆乳を加えて、加減を見ながら、少し柔らかくする。
3 グラスに1のヨーグルトと2のマイフムス、トマトソースを順に盛る。

豆豉(トウチ)と花椒(ホアジャオ)がきいたパンチのある肉みそ。しっかり味で、ご飯、麺、卵にじゃが芋、なんでも来い!

料理の素

マルチ肉みそ

材料(作りやすい分量)
豚ロース切り落とし肉 … 200g
豚ひき肉(赤身) … 100g
しょうが … 30g
長ねぎ … 1本
豆豉 … 大さじ1⅓
豆板醤(トウバンジャン) … 小さじ1
花椒 … 小さじ2
ごま油 … 大さじ1
八丁みそ … 大さじ1
黒砂糖(粉末) … 大さじ1
しょうゆ … 大さじ1
みりん … 大さじ1
酢 … 大さじ1

1 豚肉は1cm弱のこま切れにし、ひき肉と合わせる。
2 しょうが、長ねぎ、豆豉は、粗みじん切りにする。
3 フライパンにごま油を熱し、豆板醤、豆豉、花椒を中火強で炒める。香りが出てきたら2のしょうが、長ねぎを加え、全体に火が入るまで焦がさないように気をつけながら炒める。
4 1の肉を加えて八分通り炒め、八丁みそ、黒砂糖を加えて焦げないように炒め合わせる。仕上げにしょうゆとみりんを加えて、酢を回しかけ、火をとめる。

memo:スピード勝負なので、すべての調味料をあらかじめ用意しておきましょう。途中で探す暇ないですよ〜!

バリエ 1
ひと口ジャージャー麺

材料(4〜5人分)
マルチ肉みそ … 大さじ8
そうめん … 2わ
きゅうり … 1本
青じそ、ごま … 各適宜

1 そうめんは表示通りにゆでて、流水でよくもむ。
2 器に1を盛り、マルチ肉みそ(冷たかったら軽く炒める)、せん切りにしたきゅうりを盛りつけ、あればせん切りにした青じそを飾り、ごまをふる。

バリエ 2
肉みそおにぎり

材料と作り方
> マルチ肉みそを具にして、小さめのおにぎりを作る。のりや青じそを巻いても。手まりずし風にして、〆の一品にしても◎。

> バリエ 3
肉みそチンジャオロース レタス包み

材料（4〜5人分）
マルチ肉みそ … カップ1
ゆで竹の子 … 小½本
ピーマン … 6個
ごま油またはサラダ油 … 少々
オイスターソース … 小さじ2
レタス（外側の葉）またはチコリ … 8〜12枚

1 竹の子とピーマンはせん切りにする。
2 フライパンにごま油を熱し、肉みそを炒め、**1**を加えて炒める。
3 仕上げにオイスターソースを加えて混ぜ、レタスの上に盛りつける。

> バリエ 4
厚揚げマーボー豆腐

材料（4〜5人分）
マルチ肉みそ … カップ1
厚揚げ … 2枚
きゅうり … 1本
セロリ … 1本
豆板醬 … 小さじ1
ごま油またはサラダ油 … 適量
だし汁または酒 … カップ½
しょうゆ … 小さじ2
●水溶き片栗粉
　片栗粉 … 小さじ2
　水 … 小さじ2
くこの実 … 適宜

1 厚揚げは熱湯にくぐらせて油抜きし、1.5cm角の角切りにする。きゅうり、セロリは乱切りにする。
2 フライパンにごま油を熱し、豆板醬を炒める。肉みそを入れ、**1**のきゅうりとセロリも加えてよく炒める。厚揚げ、だし汁を加え、沸いてきたらふたをして5分煮る。香りづけにしょうゆを加え、水溶き片栗粉で仕上げる。
3 器に盛り、あればくこの実を飾る。

夏野菜で作る、山形では有名なだし。
トマトを加え、キリッとした味つけに
したら、モダン＆よそいきに。

料理の素

山形のだしプラス

材料（作りやすい分量）
オクラ … 1パック
トマト … 1個
なす（あれば水なす）… 小2本
きゅうり … 1本
青じそ … 5枚
新しょうが … 30g
　（普通のしょうがの場合は半量）
とろろ昆布 … 4g
●合わせ調味料
　酢 … 大さじ1
　レモン汁 … 大さじ1
　薄口しょうゆ … 大さじ1
　天然塩 … 小さじ⅔

1 オクラは軽くゆでる。トマトは種を除く。とろろ昆布以外の材料をなるべく細かく切る。きゅうりは軽く塩（材料表外）をふって10分程おき、水分を絞る。

2 1と合わせ調味料をボウルに入れて混ぜ合わせる。細かくちぎったとろろ昆布を加えてよくあえる。

バリエ 1
おもてなしあじの塩焼き

材料（4人分）
山形のだしプラス … 大さじ8
あじの三枚おろし … 4尾分
　塩、こしょう … 各少々
　小麦粉 … 適量
　オリーブ油 … 適量

1 あじは塩、こしょうをし、皮目に軽く小麦粉をまぶして、オリーブ油を熱したフライパンで両面を香ばしく焼く。

2 器に盛り、焼き上がりに山形のだしプラスと、オリーブ油を回しかける。

バリエ 2
夏の油揚げ

材料（4人分）
山形のだしプラス … 大さじ4
油揚げ … 2枚
ごま油 … 少々
しょうゆ … 適宜

1 油揚げは、熱湯にくぐらせて油抜きする。

2 1にごま油を塗って魚焼きグリルかオーブントースターで4分程度（2分で様子を見る）、両面を香ばしく焼く。

3 食べやすい大きさに切って器に盛り、山形のだしプラスをのせ、好みでしょうゆ少々をたらす。

バリエ 3
豆腐カクテル

材料（4人分）
山形のだしプラス … カップ1
豆腐 … 1丁
アボカド … 1個
●しょうゆだれ
　しょうゆ … 大さじ2
　レモン汁 … 大さじ2

1 豆腐は2㎝角のさいの目切りにする。アボカドは皮をむき、種を除き、豆腐と同じくらいの大きさに切る。

2 豆腐とアボカドを器に盛り、山形のだしプラスをのせる。しょうゆだれをかける。

自家製よ！ と胸を張って。そのままでも、おすしやサラダ、ピンチョスにも。常備しておくと急なお客様にも。

料理の素

基本の甘酢

材料（作りやすい分量）
酢 … カップ1
砂糖（上白糖、三温糖など）… 100g
酒 … 大さじ1

> すべてを鍋に入れて火にかけ、砂糖が溶けたら（沸騰させない）火をとめて、そのままさます。

バリエ 1
新しょうがの甘酢

材料と作り方
> 新しょうが500gは洗い、気になる部分は薄く皮をむく。食べやすい大きさに切って塩をふり、1～2時間おく。水分を絞り、基本の甘酢につける。冷蔵庫で約3ヵ月間保存可能。

バリエ 2
みょうがの甘酢

材料と作り方
> みょうが500gは洗い、熱湯でサッとゆで、さめたら基本の甘酢につける。冷蔵庫で約2週間保存可能。

バリエ 3
新じゃが芋の甘酢

材料と作り方
> 新じゃが芋小15個（450g）は皮をこそげて洗い、2～4等分に切ってたっぷりの水から10分ほど、シャキシャキ感が残る程度にゆでる。さめたら基本の甘酢につける。2日目以降がおいしい。冷蔵庫で約1週間保存可能。

みょうがを刻み、酢ごとご飯に混ぜておすしにしてもおいしい（飾りはディルと菊花）。

column 2
自家製ドリンクでカンパイ！

ひとつでも自家製のものが並ぶと、たとえささやかなものでも、おもてなしがぐんとグレードアップする（？）気がしませんか。作り方の話も弾みます。私は自家製大好き。その中から、簡単で活用しやすいドリンク4種をご紹介します。

梅酒ジン

ジンで作る梅酒は大人っぽくて、大好評です。

材料（作りやすい分量）
青梅 … 1kg
ジン … 750ml
氷砂糖 … 500g

1 梅は30分ほど水につけて、きれいに洗って水けをふき、重ならないように並べて、乾かしておく。
2 保存瓶は熱湯で洗ってすすぎ、ふいたら、消毒のためにジンを少しキッチンペーパーにつけて、瓶とふたをふく。
3 1のへたを竹串か楊枝で除き、4～5ヵ所小さな穴をあける。
4 2に3と氷砂糖を入れ、梅がかぶるようにジンを注ぎ、しっかりふたをする。
5 10ヵ月後くらいからがおいしい。

梅酢

いろいろな料理に使える万能酢です。体にいいので、割って飲んでも。

材料（作りやすい分量）
梅（梅干し用の黄色いもの） … 1kg
米酢（千鳥酢、富士酢など） … 1ℓ
氷砂糖 … 800g

1 梅は梅酒ジンの1、3と同じ手順で下準備する。
2 保存瓶は熱湯で洗ってすすぎ、ふいたら、消毒のために焼酎（材料表外）を少しキッチンペーパーにつけて、瓶とふたをふく。
3 2に1と氷砂糖を入れ、梅がかぶるように酢を注ぎ、しっかりふたをする。
4 5ヵ月後くらいからがおいしい。
memo：オリーブ油と合わせてドレッシングに、しょうゆと合わせて梅酢ポン酢にも。また、梅酢カップ½、レモン汁½個分、砂糖大さじ2を火にかけ、ピクルス液にも。つけていた梅は黒砂糖を加えて、そのまま煮つめて梅酢ジャムにするとおいしい。

毎年シーズンになると、梅酒と梅酢をつけます。梅酒は、ジンのほか焼酎またはウォッカ、テキーラなどでも。焼酎＋黒糖の組み合わせもおいしい。

レモンチェッロ（写真a、b）

本場カプリで習ったレシピをアレンジしました。二日酔いの朝にどうぞ!?

材料（作りやすい分量）
レモン（無農薬）… 10個
ジンまたは度数の高いウォッカ
　… 750mℓ
砂糖（上白糖）… 300g
水 … カップ2

1 レモンは洗って乾かしておく。皮の黄色い部分だけをピーラーなどでむく。
2 保存瓶は熱湯で洗ってすすぎ、ふいたら、1のレモンの皮を入れて、皮がかぶるようにジンを注ぐ。そのまま常温で2週間おく。
3 2週間後、ざるでこして、皮をすべて取り除く。
memo：この段階でジンに香りが移り、黄色い液体になっている。
4 シロップを作る。鍋に砂糖と分量の水を入れて火にかけ、砂糖が溶けたら火をとめて、そのまま冷ます。
5 空いた保存瓶に3と4を入れて、しっかりふたをする。3ヵ月後くらいからがおいしい（冷凍庫で保存すると、とろっとしてなおさらうまい！）。
memo：本来は95度以上のアルコールで作るレモンのどぶろく（？）。日本ではなかなか手に入らないので、ジンで作っています。アイスクリームにかけたり、レモン汁を足して固め、グラニータ（P69）にしても。

皮をむいて残ったレモンの果肉は、輪切りにして保存容器に入れ、はちみつとグラニュー糖をまぶして砂糖づけに。オレンジも一緒につけるとやさしい酸味になります。ヨーグルトにのせたり、紅茶に入れたり、お湯割りにしたり♪

大人の新しょうがジン（写真c）

冬はお湯割りにしたり、炭酸で割ってダブルジンジャーエールにも。

材料（作りやすい分量）
新しょうが … 1kg
ジンまたはラム（ホワイト）… 750mℓ
氷砂糖 … 500g
ジュニパーベリー（スパイス）… 15粒

1 しょうがは洗って、気になるところは皮をむき、2〜3mm厚さに切る。
2 保存瓶は熱湯で洗ってすすぎ、ふいたら、消毒のためにジンを少しキッチンペーパーにつけて、瓶とふたをふく。
3 2に1と氷砂糖、ジュニパーベリーを入れ、しょうががかぶるようにジンを注ぎ、しっかりふたをする。3ヵ月後くらいからがおいしい。つけているしょうがもおいしいので、おつまみやピンチョスなどにも。
memo：これにおろししょうがとはちみつを加え、炭酸で割ると、ダブルジンジャーエールに（写真d）。

part 3

一皿豪華主義！　今日は意を決して、
これだけはがんばってみよう！

私って、天才かも？　そんな気になる立派なメインを集めました。とはいえ、少しがんばったらできる！　努力が必ず報われる、失敗の少ないラインナップです。「わーーーっ♥」テーブルに運んだとたん上がる歓声……そんな光景を想像しながら作ってみましょう。インスタントコーヒーで仕込む豚くんや、尊敬されてしまうテリーヌなど、それぞれちょっとオリジナリティあり。印象に残って、3年語り継がれる（笑）一皿になりますように♪

めでたい焼き

尊敬され度の高い（？）豪快な魚料理ですが、焼くだけ！ 簡単。あさりのソースはほかの料理にも使えます。

材料（4人分）
たい（うろこと内臓を除いたもの）
　… 1尾（約30cm）＊オーブンの大きさに
　合わせた最大サイズを用意して。
タイム … 5枝（乾燥なら小さじ2）
ローズマリー … 5枝（乾燥なら大さじ1）
グリーンアスパラガス … 5〜6本
オリーブ油 … 適量
● あさりソース
　あさり（塩抜きしたもの）
　　… 300〜350g（大20個）
　白ワイン … 150ml
　天然塩 … 大さじ1
　粗びき黒こしょう … 適宜
　オリーブ油 … 大さじ1
レモン … 適量

1 鍋に湯1.5ℓを沸かす。たいの身の両面に2本切り込みを入れ、熱湯を両面にかけて湯引きし、臭みを取る。腹と切れ込みにタイムとローズマリーを詰めて、焼く直前までバットにのせ、ラップをして冷蔵庫に入れておく。

2 オーブンの天パンにクッキングシートを敷いて、たいをのせ、アルミホイルで包んだアスパラガスを横に置く。オリーブ油を回しかけて、200度に予熱したオーブンで約30分焼く。たいを押してふわっとしていればOK。

3 焼いている間にあさりソースを作る。フライパンにオリーブ油を熱し、あさりを入れて30秒後に白ワインを加え、ふたをする。6〜7分蒸してあさりの殻がすべてあいたら塩と黒こしょうをふり、火をとめる。

4 大皿に2を盛りつけ、3を熱いままかける。レモンをギュッと絞って食べる。

memo：3の過程を先にやっておいてもよい。その場合、たいが焼けるのを見計らって白ワイン少々を加え、温め直す。これをパスタにからめればボンゴレになりますし、さばにかけても合いますよ。

たいの腹と身に入れた切れ込みに、タイムとローズマリーを詰める。

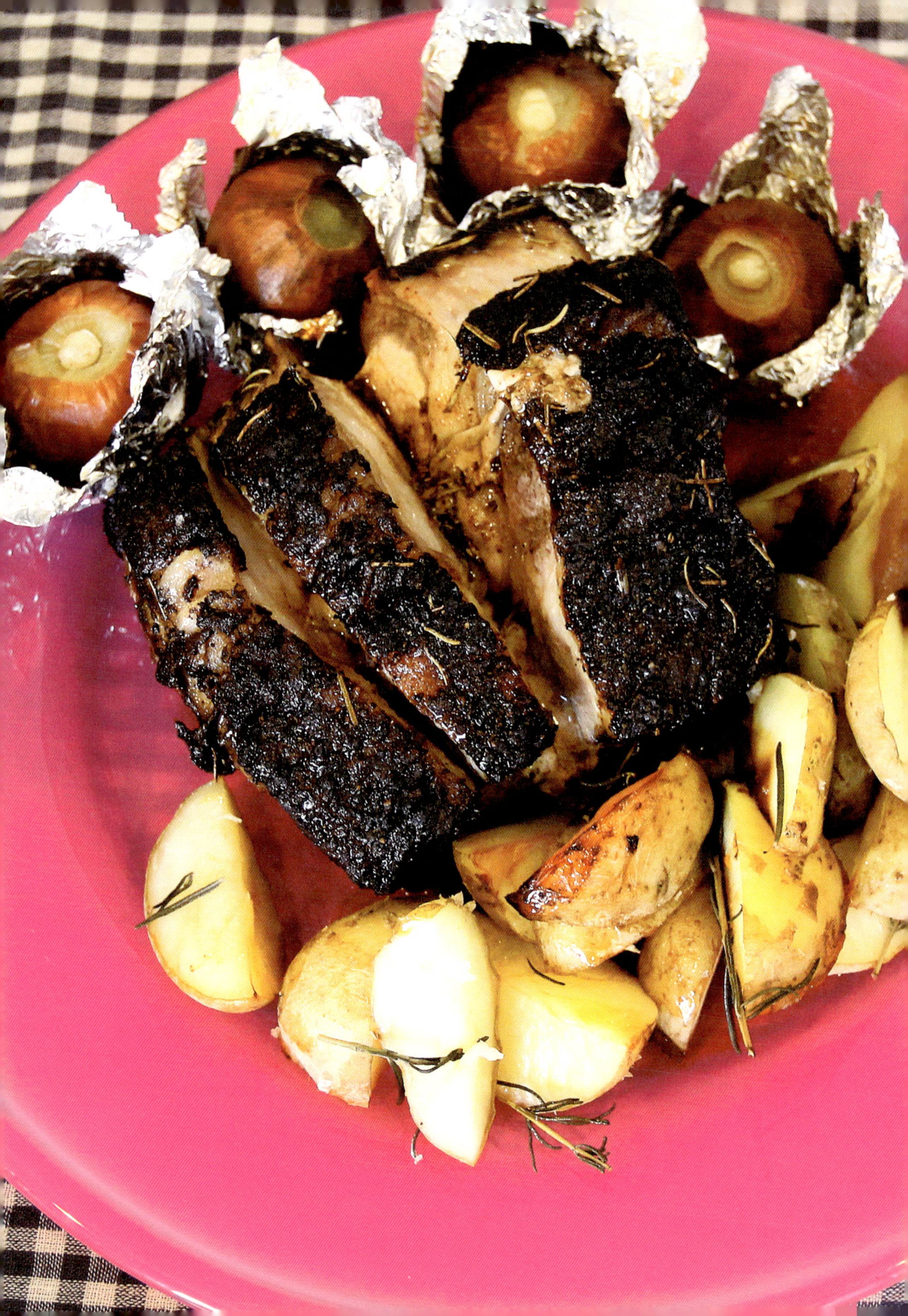

マンハッタンポーク

隠し味はなんだと思う？ ぜひ質問してみてください。とにかく分厚い豚肉で、ガツンと作るのがおいしい。

材料（6人分）
豚ロースかたまり肉 … 1kg
じゃが芋 … 6個
玉ねぎ … 小3個（ペコロスなら6個）
塩 … 適量
●つけ込みスパイス
　インスタントコーヒー … 大さじ3
　パプリカ … 小さじ2
　粗塩（ゲランドや岩塩など） … 大さじ1
　粗びき黒こしょう … 小さじ1
ローズマリー（乾燥） … 適宜

じゃが芋と玉ねぎは食べたい分だけ、天パンにのるだけ並べて。

1 つけ込みスパイスの材料をジッパーつき保存袋に入れて、シャカシャカ混ぜておく。
2 1に豚肉を加え、つけ込みスパイスを全体にからませ、冷蔵庫に4時間から1日おく。
3 じゃが芋は皮ごときれいに洗い、半分に切り、水から7〜8分下ゆでする。玉ねぎは上下をカットして、上部に軽く塩をふり、アルミホイルで包む。
4 オーブンの天パンに2をのせ、周囲に3のじゃが芋と玉ねぎを並べる。じゃが芋には軽く塩をふり、あればローズマリー小さじ2を散らす。
5 予熱したオーブンに4の天パンをセットし、190度で45〜50分焼く。竹串を刺して唇に当て、熱ければでき上がり。
memo：インスタントコーヒーはゴールドブレンドがおすすめ！

りんご角煮

いつもの角煮？ いえいえひと味違います。砂糖を減らし、代わりに入っているのはりんご。まろやかです。

材料（6人分）
豚ばらかたまり肉 … 1kg
おろしりんご … 1個分
紹興酒 … カップ2
しょうが … 2かけ(50g)
黒砂糖 … 70g
しょうゆ … カップ½
酢 … カップ¼
ゆずの皮 … 適宜

1 豚肉は、5×8cmの大きさに切る（煮込むとひと回り小さくなる）。
2 厚手の鍋に、水を張り、1を水からゆでる。20分ゆでたら、ざるに上げておく。粗熱がとれたら、まわりについている脂やあくを軽くペーパーでふく（ゆで汁は捨てる）。
3 同じ鍋に紹興酒と2を入れ、りんごとめん棒などでたたきつぶしたしょうが、黒砂糖を加えて中火強にかける。沸いたら全体を覆うように紙ぶたをして、弱火で40分煮る。
4 しょうゆ、酢を加えてさらに30分煮たら、火をとめ、そのままおいて味をしみ込ませる。
5 食べる直前に再び加熱し、器に盛り、あればゆずの皮をのせる。
memo1：紙ぶたにはクッキングシートを使います。
memo2：翌日がおいしい。再加熱するときに表面に白い脂が固まっていたら、取り除いてから温めて。

さんまのほっこりハーブ炊き込みご飯

旬のさんまをお鍋で炊いてメインに。テーブルでふたを開ければ、「うわーっ」と大歓声が上がります。

材料（5〜6人分）
さんま … 3尾
　小麦粉 … 適量
米 … カップ3
だし汁 … 550㎖
白ワインまたは酒 … 大さじ2
しょうゆ … 小さじ2
まいたけまたはしめじの粗みじん切り
　… 1パック分
しょうがのみじん切り … 1かけ分
タイム、ローズマリー、ディル（乾燥）
　… 各適量
塩 … 適量
黒こしょう … 少々
オリーブ油 … 大さじ1
かぶの茎 … 適宜

1 米をとぎ、できれば30分ざるに上げておく。鍋に米、だし汁、白ワイン、しょうゆを加え、30分〜1時間おく。
2 さんまは頭を落とし、内臓を除いてきれいに洗い、キッチンペーパーでふく。臭みを抜くために塩をまんべんなくふって、15〜20分おき、再び水けをふく。
3 2のさんまの両面に小麦粉を薄くまぶす。フライパンにオリーブ油を熱してハーブを入れ、香りが立ったら、さんまを並べて焼く。塩1つまみと黒こしょうをふり、両面をこんがり焼いて、ざるに上げて油をきる。
4 1の鍋にまいたけ、しょうが、3のさんまをのせて、ふたをせずに強火で5〜6分炊く。グツグツ沸いてきたら弱火にし、ふたをして約12分炊く。炊き上がりに、あればみじん切りにしたかぶの茎を加え、15分蒸らす。

memo：炊飯器の場合は、米、白ワイン、しょうゆを入れて、だし汁を目盛りまで注ぎ、具材を加えて、普通に炊く。

鍋ごとテーブルに運んで、炊き上がりを見せて、歓声をいただいたら、骨を取り除いてからよそいましょう。

ドライフルーツと木の実の
テリーヌ・ド・カンパーニュ

こ、これが家で作れるなんて！
難しそうですが、この通りに作った
ら、だれでもできるはず、なのです。

材料（14×7×5cmのテリーヌ型1台分）
●肉種
　豚肩ロース肉 … 130g
　豚粗びき肉（赤身）… 50g
　キャトルエピス（またはナツメグ、オールスパ
　　イス、白こしょうを合わせて）… 小さじ½
　天然塩 … 小さじ½
　黒こしょう … 少々
　豚の背脂 … 20g
　鶏レバー … 40g
　ブランデーまたは梅酒、甘めの赤ワイン
　　… 大さじ1
　溶き卵 … ½個分
　ブランデーまたは梅酒、甘めの赤ワイン
　　… 小さじ2
　玉ねぎ … 30g
　タイム（乾燥）… 適量
　ローズマリー（乾燥）… 適量
　塩、こしょう … 各少々
　サラダ油 … 適量
●フィリング
　好みのナッツ（くるみ、ピスタチオなど）
　　… 10粒
　好みのドライフルーツ（いちじく大2個、
　　プルーン2個、干しぶどう10粒など）
　ブランデーまたは梅酒、甘めの赤ワイン
　　… 大さじ1
生ハムまたはベーコン … 6～7枚（130g）

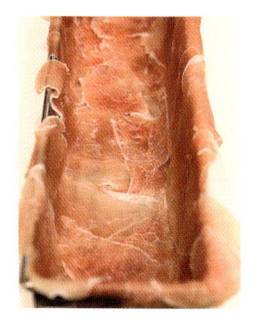

a 油を塗り、クッキングシートを敷いた型に、生ハムを側面まで隙間なく敷きつめる。

b ナッツとドライフルーツは、断面を想像しながら、欲張らずに並べる（多すぎると割れやすくなる）。

c 重しはびんや中身の入ったペットボトルなど、家にあるもので。

1 フィリングのドライフルーツは食べやすく切り、ブランデーに約2時間つけてもどしておく。

2 肉種の準備をする。大きめの鶏レバーは3つくらいに切ってボウルに入れ、水を加えて30分おき、水を捨てる。流水を入れながら、手でかき回して対流を作り、レバーを泳がせる。2〜3分で筋状の血が抜けてくる。水を捨て、塩水（材料表外）につけて30分おき、ざるに上げ、水けをきって8mm角に切る。ブランデーをふりかけてラップをし、約1時間冷蔵庫に入れておく。
memo：レバーの血抜きは、さまざまなレバー料理に万能。

3 背脂は、8mm角のさいの目切りにし、熱湯でまわりがうっすら透明になるくらいにサッとゆがいて、ざるに上げる。

4 豚肩ロース肉は7mm角のこま切れにして、ひき肉と合わせ、キャトルエピス、塩、黒こしょうをもみ込む。

5 フライパンにサラダ油を熱し、みじん切りにした玉ねぎを炒め、タイム、ローズマリーを加える。香りが立ったら、塩、こしょうをして、粗熱がとれるまでさます。

6 4に溶き卵とブランデーを合わせて混ぜ、2の汁けをきったレバー、3、5を加えてさらに混ぜ、肉種の表面にラップをして、冷蔵庫で1時間から一晩ねかせる。

7 焼く準備をする。オーブンは170度に予熱しておく。

8 型に薄くサラダ油を塗り、底面と側面にクッキングシートを敷く。生ハムを敷きつめたあと（写真a）、6の肉種を半量詰める。型をトントンとテーブルに落とすようにして、空気を抜く。1とナッツを、でき上がりの断面をイメージしながら並べる（写真b）。さらに残りの肉種を詰め、もう一度空気を抜く。側面からはみ出た生ハムでふたをし、アルミホイルで全体を覆う。

9 天パンにふきんを敷いて（型の底面の焦げ防止）湯を張り、8を置いて1時間10分焼く。

10 焼き上がったら熱いうちに重しをし（写真c）、水と氷または保冷剤を入れたバットで急速に冷やす。さめたら重しをのせたまま冷蔵庫へ入れ、翌日以降に食べる。
memo：冷蔵庫で1週間もつので、時間のあるときにゆっくり作って。

牛すね肉のフルッタ煮込み

ベリー系のフルーツで煮込むビジュアル系。ブルーチーズを添えて食べると鼻血ぶ〜な絶品に。

材料（6〜7人分）
牛すね肉 … 1.5kg
　塩、こしょう … 各少々
　小麦粉 … 大さじ3
赤ワイン … カップ1½
オリーブ油 … 大さじ1½
●煮込み用フルッタ
　いちご … 1パック
　ブルーベリー（冷凍）… 200g
　りんご … ½個
　ラズベリー（冷凍）… 適宜
　ペコロス … 7個（玉ねぎなら1個）
　バター … 10g
　塩 … 大さじ1
　いちごジャム … 大さじ2
　バルサミコ酢 … 大さじ2
ブルーチーズ … 適宜

1 牛肉は6〜7cmの角切りにし、塩、こしょうをして、小麦粉を薄くまぶす。フライパンにオリーブ油を熱して牛肉を入れ、全面に焼き色がつくまで焼く。赤ワインを加え、鍋肌についたものをこそげ取り、火をとめる。

2 煮込む鍋にバターを入れて弱火にかけ、溶けたら、いちご、ブルーベリー、あればラズベリー100gを、それぞれ飾り用に少し残して加え、薄切りにしたりんご、ペコロスも加える。からめるように炒めて、1と塩、ジャムを加え、全体を覆うように紙ぶたをして煮る。フツフツと沸いてきたらふたをして、中火弱で1時間煮込む。

3 仕上げにバルサミコ酢を加え、紙ぶただけにして、約20分煮込み、火をとめてさます（翌日が最もおいしい）。食べる直前に火を入れ、器に盛りつけ、飾り用に残しておいた2のフルーツを飾り、あればブルーチーズ1かけを添えて食べる。

memo1：飾り用の冷凍フルーツはぬるま湯や赤ワインにつけて、冷凍臭さを抜いておくと、美しく、フレッシュのようになる。
memo2：紙ぶたにはクッキングシートを使います。

小麦粉はまぶしすぎない。うっすらまぶすのがポイントです。

プルーンスペアリブ

豚とプルーン、八丁みその相性は抜群！ つけ込んでおいて焼くだけなので、席を離れたくないおもてなしに◎。

材料（6人分）
豚スペアリブ（10cm長さ）… 6本
プルーン（乾燥）… 12粒
八丁みそ … カップ½
ラム酒または梅酒、紹興酒 … 大さじ2

1 プルーンはひたひたのぬるま湯に10分ほどつけて、ざるに上げ、3等分に切る。
2 耐熱容器に八丁みそ、ラム酒、**1**を合わせて電子レンジに30秒かけ、よく混ぜる。
3 スペアリブに**2**を塗り込むようにつけて保存容器に入れ、残りのたれも加え、一晩おく。
4 **3**のたれを軽くふき取り、200度のオーブンで25分焼く。

memo：魚焼きグリル（ガス両面焼き）の場合は、アルミホイルを上下に置いて10分、上をはずして5分焼く。

プルーン液はスペアリブに塗り込むようにつけるのがポイント。

プーロ・ポー
〜丸鶏のシンプル煮込み〜

1羽丸ごと登場するのはインパクト大。弱火で煮込むだけ、味つけもシンプルなので、失敗のない一品です。

丸鶏は上部⅓くらいが煮汁から出ている状態がベストです。

材料（4〜5人分）
- 丸鶏（内臓を抜いてあるもの）… 約1.2kg
- 塩 … 適量
- 白ワイン … カップ1½
- 昆布のだし汁（なければ水）… カップ2½
- かぶ（葉つき）… 4〜5個（人数分）
- 天然塩（ゲランドなど）… 小さじ1½

●フィリング
- りんごまたは洋なし … ½個
- プルーン（乾燥。ぬるま湯に1時間程度つけてもどしたもの）… 3個
- いちじく、あんず（乾燥。白ワインに1時間以上つけてもどしたもの）… 各大3〜4個
- 甘栗 … 3〜4個

●ブーケガルニ
- クローブ、ローリエ、白粒こしょう、粗びき黒こしょう … 各適量
- タイム、セージ、タラゴン … 各適宜

---

1 さらし布かキッチンペーパー、お茶パックなどに、ブーケガルニの材料を入れて、こぼれないように包む。

2 フィリングを用意する。りんごは1cm角に切る。ドライフルーツはそれぞれ2〜3等分にし、栗は半割りにする。これらをすべてボウルに合わせる。

3 丸鶏はお尻側から中をキッチンペーパーでふきとり（サッと洗ってもOK）、塩を軽くすり込む。

4 3の中に2のフィリングを詰めて、入り口を楊枝でとめる。足を結んでいない場合、開かないようにクロスさせて、たこ糸で結ぶ。

5 鍋に丸鶏のおなかを下にしてそっと入れる。白ワイン、だし汁、1のブーケガルニを入れ、紙ぶたを覆うように全体にかぶせて中火にかける。

memo：紙ぶたのクッキングシートは、鶏を乾燥させないようにしっかり覆う。

6 沸騰したら塩を加え、鍋のふたをして弱火で45〜50分煮る。

7 かぶの皮を厚めにむき、茎を1.5cmくらい残すように切る。残りの葉はリゾット用に粗みじんに切る。

8 6に7のかぶを加え、柔らかくなるまでさらに40分程度煮たら、火をとめてそのままさます。

memo1：2〜3時間さましてから再度温めて（翌日でもOK）アツアツをテーブルに。
memo2：鍋は直径24cm×高さ11cmを使用。丸鶏を購入するとき、手持ちの鍋の大きさに注意してください。

〆のリゾット

お米は数種類入れると、粋でツウな感じに仕上がります。いつもよりアルデンテにするとさらにツウになります（笑）。

材料（5〜6人分）
米2〜3種 … カップ1½
（白米カップ1＋他2種カップ½）
黒こしょう … 少々
パルミジャーノ・レッジャーノ、
　パルメザンチーズなど … 適宜
memo：白米はあればイタリア米のカルナローリ、赤米、黒米、雑穀米など。スペルト小麦や押し麦を混ぜても。

> プーロ・ポーで残ったスープ（さめていてもOK）の鍋に、米を洗わずに加え、中火強にかける。約15分煮てグツグツしてきたら、ノーロ・ポーで残ったかぶの葉を加え、ふたをして、4〜5分炊く。仕上げに黒こしょうをふって（味をみて足りなければ塩を足す）、好みでチーズを削って加える。

memo：リゾットのスープは、米に対してひたひたの量をキープして（スープを足しながら）20分火にかけるのが基本。今回は短縮＆ワイルドバージョン！

昆布のだし汁

水につけておくだけの方法をご紹介します。常に冷蔵庫にストックしておけば、みそ汁やお浸しに使えます。残ったら、野菜ジュースなどに入れても。私は水代わりにいろいろなメニューに活用しています。レシピに「水」とあったら、昆布だしにしてみてください。カレーでもなんでも、深みが違ってきます！

材料と作り方

> 昆布（7×10cm）2枚は、湿らせたキッチンペーパーなどでサッとふき、1ℓの水につけて、冷蔵庫に15時間程度おく。

memo：昆布をつける15時間は理想ですから、大変なら7〜8時間でもOKです。

だし用の昆布には、ぬめりが少ない真昆布を使っています。もちろん羅臼、利尻などでも。

かつおと昆布のだし汁

かつお節は引き出物になるような高級品でなくても大丈夫。まとめてだしをとって、冷凍保存することもできます。また、かつお節だけでなく、まぐろ節やさば節もよくだしが出て、安価で使いやすいと思います。

■ 一番だし

材料と作り方

1　昆布のだし汁（上記）1ℓから昆布を取り出し、9.5割を鍋に入れて、中火にかける。沸騰直前で弱火にして、残りのだし汁を加え、削り節40gを加える。

memo：2度に分けるのは温度の調整用。慣れてきたら、初めからすべて入れてOK。

2　再び沸騰しそうになったらすぐに火をとめる。1分ほどして、削り節が沈みかけたら、さらし布でこす。

memo：そのまま4〜5分つけておくと、より濃いだしになりますが、香りが半減するように思います。またその場合、二番だしには使いません。

1回に使う削り節の量が多い！　と思うかもしれませんが、ここはケチらず……大切なポイントです。

こすときのさらし布は、1反買って、使いやすい大きさに切って使うのがおすすめ。なにかと使えます。

■ 二番だし

材料と作り方

1　水500mlに、一番だしで最初に取り出した昆布を入れて、中火にかける。

2　沸騰する直前に昆布を取り出す。一番だしでこした削り節を加えて、再び沸騰しそうになったら火をとめる。5〜6分して削り節が沈みかけたら、さらし布でこす。

香りを逃がさないよう、早めに上げると上品な仕上がりに（一番だし）。

column 3
だしさえ覚えれば、料理は簡単＆シンプル＆美味に

だしをとるのは面倒？ 時間も費用もかかる？ でも、やらないのは本当にもったいないっ。少し慣れれば、だしの魅力にハマるはず。だし汁さえあれば、料理がググググッとおいしく、深く、そして簡単＆シンプルになるのですから。じつはだしこそが料理を手軽にする強い味方だと思っています。MYめんつゆに、MYあえ酢、そして塩だし、吸い物……。なんといっても自家製は安心です。まずは水につけておくだけの昆布だしから、だし生活、始めてみてください。

万能つゆ

作っておけば、そうめんやうどんのつゆ、天つゆに。また煮物や揚げ出し、焼き浸しなどにも使えます。オリーブ油やごま油を加えてドレッシングに、すりごまを加えてごまあえなどにも。濃さをお好みで加減して、いろいろなお料理に使ってください。

■ しょうゆつゆ
材料と作り方
> 鍋にみりん大さじ4を入れて火にかけ、沸いてきたら火をとめ、薄口しょうゆ大さじ3と、だし汁カップ1を加え、そのままさます。

■ 塩つゆ
材料と作り方
> だし汁カップ1に、酒大さじ1と塩小さじ½を加え、よく混ぜ合わせて中火にかけ、沸き始めたところで火を止め、そのままさます。

memo：塩味は使っている塩によって違いますので、好みで調整してください。

いずれも、めんつゆや天つゆ、煮物、酢を加えてあえ物にも。

そのほか

■ 塩地八方
ゆで野菜を水っぽくさせないためのつけ汁にします。あえ物にする前のひと手間としても◎。だしの味がしみた野菜は、そのままでもおいしいです。

材料と作り方
> だし汁カップ1½、塩小さじ¼を混ぜるだけ。

memo：前もってこれにつけておけば、葉ものは1日、根菜は冷蔵庫で2日間保存できるので、おもてなし当日は余裕です。

■ 二杯酢
甘くない合わせ酢です。なんにでも合わせやすくて、とっても便利。作っておけば百人力です。

材料と作り方
> だし汁大さじ4、酢大さじ1、薄口しょうゆ大さじ1を混ぜるだけ。

memo：冷蔵庫で4日間程度保存可。

■ 三杯酢
甘みのある合わせ酢です。すりごまを合わせてごまあえにしたり。こちらも万能選手です。

材料と作り方
> だし汁大さじ4、酢大さじ2、薄口しょうゆ大さじ1、みりん大さじ2を合わせて中火にかけ、煮立ってきたら火をとめ、そのままさます。

memo：冷蔵庫で10日間程度保存可。

サッとゆでたオクラや菜の花、小松菜、春菊、グリーンアスパラガス、新じゃが芋、にんじんなど、これにつけておくだけでも、箸休めの一品に。

part 4

ふだんのおかずをよそいきに♪
いつものごはんもグレードアップ！

「おもてなし」といってもいろいろ。気のおけないメンバーや家族なら、ふだん着のおかずも重宝します。作り慣れた料理も、こじゃれたテーブルセッティングにしたり、器や盛りつけを変えるだけで、か〜なり違うと思います。身近な食材で作れる料理に、ちょっとだけアイデアを盛り込んでみました。マスターすれば、おもてなしにも使えて、毎日のおかずも少しイケてる感じ（？）になる"おかず"をご紹介します。お弁当にもどうぞ。

ラムレーズンポーク

ラムレーズンをしゃぶしゃぶ肉でクルクルッと巻くだけ。切り方や並べ方でいろいろな表情になります。

材料（4人分）
豚ロースしゃぶしゃぶ用肉 … 12枚
干しぶどう … 30粒
　ラム酒 … 大さじ1
あんず（乾燥）… 適宜
クリームチーズ … 100g
レモン汁 … 小さじ1
塩、こしょう … 各少々
サラダ油 … 適量
●たれ
　しょうゆ … 小さじ2
　バルサミコ酢 … 大さじ1
ピンクペッパー、ローズマリー
　… 各適宜

1 ラム酒にぬるま湯大さじ2を加え、干しぶどうと、あればレーズン大に切ったあんずをつけて、1時間以上おく。
2 ボウルにクリームチーズ、レモン汁、1を合わせてよく混ぜる。
3 まな板に豚肉を広げて塩、こしょうをする。中身がこぼれないよう、幅が狭いほうに2を小さじ2ほどのせ、広いほうへ向かってクルクル巻く。これを12個作る。
4 フライパンにサラダ油を熱し、3をそっと並べて、中火弱で焼く。返しながら焼き、全面に焼き色がついたら、ふたをして2分蒸し焼きにする。
5 4を取り出し、あいたフライパンにしょうゆとバルサミコ酢を入れ、30秒ほど煮つめてたれを作る。器に盛り、あればピンクペッパーやローズマリーを飾る。

2等分にして断面を見せる盛りつけでも。ピンクペッパー、ローズマリーを飾って。

ゴーヤバーグ

ゴーヤの形を生かした、まあるい形の変わりハンバーグ。さめてもおいしいのでお弁当にもおすすめ。

材料（4〜5人分）
ゴーヤ … 1本
　塩 … 適量
●肉種
　豚ひき肉 … 150g
　きくらげ … 5枚
　松の実 … 大さじ1
　しょうゆ … 小さじ1
　片栗粉 … 小さじ2
　塩 … 1つまみ
サラダ油 … 適量

1 ゴーヤは長さを半分に切って、種とわたを除き、塩をもみ込む。きくらげはもどして1cm弱の細切りにする。
2 ボウルに肉種の材料を入れ、空気を抜きながらねばりが出るまでよく混ぜる。
3 1のゴーヤの中に2をぎゅうぎゅうに詰めて、1cm幅の輪切りにする。隙間があれば、肉がゴーヤにしっかりつくように整える。
4 フライパンにサラダ油を熱し、3を焼く。片面が焼けたら返して、水大さじ1を加えてふたをし、弱火で2〜3分蒸し焼きにする。

memo：からしじょうゆをつけて食べてもおいしい。

肉種を、ゴーヤの中に隙間なくぎゅうぎゅうに詰める。

よそいきな ぶり照り焼き

盛りつけ次第でメインにもなる、ふた口サイズの照り焼き。短い時間でサッと焼けるから、待たせません。

材料（4人分）
ぶりの切り身（できれば背側）… 4切れ
●つけ汁
　しょうゆ … 大さじ3
　みりん … 大さじ3
サラダ油 … 適量
青のりまたはごま … 適宜

1　ぶりは3等分の斜めそぎ切りにする（厚めの刺身くらい）。

2　1をバットに並べ、つけ汁を回しかけて、約1時間つけておく。

memo：この段階で冷蔵庫で4〜5時間保存可能。その場合、ぶりに密着するようにラップをして、余裕があれば途中で上下を返してください。

3　フライパンにサラダ油を熱し、2を焦がさないよう両面を焼く。器に盛りつけ、あれば青のりを散らす。

memo：この1：1のつけ汁に豚肉や鶏肉をつけて焼いてもおいしいですよ。

ぶり玉つみれ汁

ぶりの食感を存分に生かした大きめのつみれ。新たなぶりの魅力を発見できるごちそう汁物です。

材料（4人分）
●つみれ
　ぶり（刺身用）… 200g
　塩 … 小さじ1
　しょうゆ … 小さじ1
　片栗粉 … 小さじ2
　サラダ油 … 少々
●吸い地
　かつおと昆布のだし汁（P42）
　　… 650ml
　塩 … 小さじ1弱
　薄口しょうゆ … 小さじ2
　みりん … 小さじ2
とろろ昆布 … 適宜

1　ぶりは7mm角に刻む（細かくしすぎない!!）。

2　ボウルにつみれの材料をすべて入れ、軽く混ぜ合わせる。

3　鍋にだし汁を熱し、吸い地の残りの材料を加えて味をみる。

memo：濃かったときの調整用に、だし汁を少し残しておくとよい。

4　2をピンポン玉よりひと回り小さく丸め、充分に沸いている3に加えていく。

5　あればとろろ昆布をお椀に入れて、4を注ぐ。

気取った
マヨなしポテトサラダ

じゃが芋のおいしさを生かしてさっぱりと。つけ合わせにも、意外なことに、白ワインや冷酒のおつまみにも。

材料（4～5人分）
じゃが芋 … 4個
きゅうり … 1本
アボカド（完熟）… 1個
●ドレッシング
　オリーブ油 … 大さじ1
　りんご酢 … 大さじ1
レモン汁 … 大さじ1
塩 … 適量
ピンクペッパー … 適宜

1 きゅうりはしま状に縦に皮をむき、薄い小口切りにして、塩小さじ1をふり、15分おいて水分をしっかり絞る。オリーブ油とりんご酢をよく混ぜてドレッシングを作る。
2 アボカドは皮と種を除いて、食べやすい大きさに切る。
3 じゃが芋は竹串がスッと通るまで7～8分ゆでてから皮をむく。温かいうちに2とレモン汁、塩1つまみを加えてつぶす。
4 3に1のきゅうりを加えて、ドレッシングであえる。あればピンクペッパーを飾る。

春菊の
みかんポン酢あえ

みかんが大活躍。やさしい酸味のみかんポン酢は、鍋のお供にもおすすめです。

材料（4人分）
春菊（葉の部分）… 1わ分
●みかんポン酢（作りやすい分量）
　しょうゆ … 大さじ3
　酢 … 大さじ2
　みかん汁と果肉 … 1個分
　だし汁 … 大さじ1
おろし大根 … 10cm分

1 みかんポン酢の材料を混ぜ合わせる。
2 フライパンに高さの半分まで水を張って火にかけ、沸騰したら春菊の葉を入れ、ふたをして5つ数えて火をとめる。30秒くらいで引き上げ、冷水に放ってさます。
3 おろし大根は絞って1と合わせる。
4 汁けを絞った2を3であえる。
memo：2のあと、だし汁カップ½と塩小さじ½を合わせた塩地八方（P43）に20ほどつけると、さらにおいしい。

ほろ酔い豚

たぶん、豚くんはほろ酔い状態です。酒かすで作るこっくりゆで豚。ゆで汁はスープに変身！ おじやにしても。

材料（4人分）
豚ロースかたまり肉 … 500g
長ねぎ … 1本
しょうが … 2かけ
酒かす … 200g
塩 … 小さじ2
だし昆布 … 7×10cm 1枚
●たれ
　ゆで汁 … 大さじ1
　しょうゆ … 大さじ1
練りがらし … 適量

1 長ねぎは5cm長さの斜め切りにし、しょうがは3等分にしてたたく。

2 豚肉はたこ糸で縛って成形する。鍋に豚肉がかぶるくらいの水（約1ℓ）と昆布を入れ、豚肉、ちぎった酒かす、1、塩を加えて強火にかける。

3 沸いたら中火弱にし、さらに約40分ゆでる。豚肉に竹串を刺して、赤い肉汁が出ず、すぐに唇に当ててアツッとなればOK。火をとめ、さめるまでおく。

4 3のゆで汁としょうゆを合わせてたれを作る。3のゆで豚を食べやすい大きさに切って器に盛り、たれをかけ、ねぎとからしを添える。

memo1：ゆで汁でしゃぶしゃぶしたもやしなどを添えるといい。
memo2：ゆで汁カップ3に対して薄口しょうゆ大さじ1を加えて温め、好みでえのきだけやしめじを加え、万能ねぎを散らせば、スープに。

玉ねぎのスープ

時間はかかっても手間はかからない。炒めないから油もいらない。毎日のごはんにもおすすめです。

材料（2人分）
玉ねぎ … 大1個
だし汁 … カップ2
塩 … 適量
黒こしょう … 適量
溶けるチーズ … 適宜
ピンクペッパー … 適宜

1 玉ねぎは皮のまま、上下を1cmほど落とし、上部に塩1つまみのせ、アルミホイルでぴったり包む。

2 200度に予熱したオーブンで1を50分焼く（新玉ねぎの場合、40分）。ホイルの外側から触って、やわらかくなっていたらOK。

3 鍋にだし汁と塩小さじ1を入れる。焼いたときにアルミホイルの中にしみ出た2の汁と、皮を除いた玉ねぎを加える。

4 3を加熱し、黒こしょうをふり、好みでチーズを加えてとろっとさせる。器によそい、あればピンクペッパーを散らす。

memo：トーストしたパンを切って添えても相性グッドです。

信太巻き

料理上手と思われそうな一品。煮汁につけたまま保存すると、時間がおいしくしてくれる、心休まる煮物です。

材料（2本分）
鶏胸ひき肉 … 200g
木綿豆腐 … ½丁（150g）
油揚げ … 2枚
にんじん … ½本（80g）
スナップえんどうまたはいんげん
　… 3本
薄口しょうゆ … 小さじ1
みりん … 小さじ1
サラダ油 … 少々
●煮汁
　だし汁 … カップ1½
　みりん … 小さじ1
　薄口しょうゆ … 小さじ2
　塩 … 小さじ½

1 豆腐はキッチンペーパーに包んで、約15分ざるにのせ、水きりする。
2 油揚げは熱湯をかけて油抜きし、3辺を切って開く。切れ端はあとで使うので細かく切っておく。
3 サラダ油を熱し、せん切りにしたにんじんとスナップえんどうを入れて炒め、しょうゆ、みりんを加えて煮からめ、さましておく。
4 ボウルにひき肉、1、2の油揚げの切れ端、3を混ぜ合わせる。
5 2の油揚げに、4の種をそれぞれ半量ずつのせ、のり巻きのように巻いて、巻き終わりを楊枝でとめる。
6 鍋に煮汁の材料を合わせ、5の巻き終わりを下にして並べる。落としぶたをして約10分煮て上下を返し、さらに10分煮て火をとめ、そのままさます。

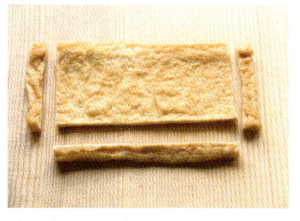

油揚げは3辺を細く切り落とし、破れないようそっと開く。

煮汁ごと保存して、味のしみた翌日以降がおいしい。冷蔵庫で3〜4日間保存できます。

■ あるものでササッと作れる（はずの）小さなおつまみ

突然のお客様！ そんなピンチに見舞われたら、慌てずにこんなものを作ってみてはいかがでしょうか。

じゃが芋みそグラタン

失敗の少ない、そして苦手な人の少ない、黄金の組み合わせです。焼きたてをハフハフ食べましょう。

材料（10×20cmの耐熱皿1枚分）
じゃが芋 … 3個
麦みそ … 大さじ1½
溶けるチーズ … カップ½

1 じゃが芋は竹串がスッと通るまで7～8分ゆでて皮をむき、軽くつぶして耐熱皿に並べる。
2 麦みそを少しずつ点々とじゃが芋にのせ、チーズを散らす。
3 オーブントースターで7分、チーズが溶けてみそに焦げ目がつくまで焼く。

じゃが芋のガレット

目の前でサクッとナイフを入れて、素朴な料理を盛り上げましょう。ケチャップで食べるのが喜ばれます。

材料（直径15cm 2枚分）
じゃが芋 … 2個
小麦粉 … 大さじ1
牛乳 … 大さじ1
パルミジャーノ・レッジャーノ … 適量
オリーブ油 … 大さじ1
ケチャップ … 適量

1 じゃが芋はスライサーを使ってせん切りにし、小麦粉、牛乳と合わせて混ぜる。
2 フライパンにオリーブ油を熱し、1の半量を丸く広げて3分焼いたら返して、パルミジャーノをふり、さらに5分焼く。同様にもう1枚焼く。
3 器に盛り、ケチャップをかける。

オイルサーディンの
しょうが煮

5分でできるのに「あなたって和食の天才?」というおほめの言葉が……(汗)。

材料（3〜4人分）
オイルサーディン（缶詰）
　…12尾（70g）
しょうが … 2かけ
酒 … 大さじ1
しょうゆ … 小さじ2
みりん … 小さじ2
季節の青物 … 適宜

1 オイルサーディンはキッチンペーパーの上に置き、上からもペーパーをかけて油分を吸わせ、軽くふき取る。
2 しょうがは半量をすりおろし、残りをせん切りにする。
3 小鍋に酒を入れて中火にかけ、フツフツしてきたら1とおろししょうがを加える。水分がなくなってきたら、しょうゆ、みりん、しょうがのせん切りを加え、1分ほど煮からめる。煮汁がほぼなくなればでき上がり。
4 3を器に盛り、あればサッとゆでた季節の青物を飾る。
memo：ご飯にのせて、スクランブルエッグを添えたら、どんぶり物に。

アンチョビと
りんごのサラダ

甘酸っぱいりんごとクリームチーズを調味料代わりにして、アンチョビとあえるだけ、という一品。

材料（作りやすい分量）
アンチョビ（瓶詰または缶詰）… 40g
　白ワイン … カップ¼
りんご … 1個
くるみ … カップ1弱
クリームチーズ … 40g
粗びき黒こしょう … 小さじ1
オリーブ油 … 小さじ2
レモン汁 … 小さじ2
レモンの皮 … 適宜

1 アンチョビはキッチンペーパーではさむようにして余分な油を取り、白ワインに20〜30分つけて、ざるに上げる。汁けをしっかりきり、1cm幅に切る。
2 くるみは大きければ食べやすい大きさに割り、フライパンでから炒りする。クリームチーズは1cm角に切る。りんごは皮をむいて、八つ切りにしてから、いちょう切りにする。
3 1、2を合わせ、黒こしょう、オリーブ油、レモン汁を加えてあえる。器に盛り、あればレモンの皮を飾る。

酒かすバナナ
トースト

酒かすとバナナ、合うんです。シャンパンや白ワイン、冷酒……お酒が進むトーストです。

材料（作りやすい分量）
パン（ライ麦パンなど）… 4枚
バナナ（完熟）… 2本
酒かす … 60g
豆乳（無調整）または牛乳 … 大さじ1
メープルシロップ … 適宜

1 バナナ1本はつぶしてペースト状にし、残りは薄切りにする。
2 酒かすは常温に戻しておき、豆乳に浸してもどす（電子レンジに30秒かけても）。ここに1のつぶしたバナナを加えてよく混ぜる。
3 パンに2のペーストを塗り、1の薄切りにしたバナナをのせて、オーブントースターで2分焼く。好みでメープルシロップをかけて食べる。

memo：もちろんクラッカーにのせてもOK！

たたききゅうりと甘夏、
セロリのサラダ

油は使わず、甘夏のほろ苦い酸味でキリリと仕上げましょう。

材料（4人分）
きゅうり … 2本
甘夏またははっさく、夏みかん … 1個
セロリ … 1本
新しょうが … 50g
塩 … 小さじ⅔
二杯酢（P43）… カップ½
香菜、すり白ごま … 各適宜

1 きゅうりは両端を切り落として3等分し、すりこ木や瓶などを使って3cm程度にたたき割る。セロリはピーラーで筋を取り、手で割るようにちぎって、3cm程度の大きさに切る。新しょうがはせん切りにする。甘夏は皮をむいて、果肉を取り出す。
2 ボウルにきゅうりとセロリと新しょうがを入れ、塩をふってよくからめて30分ほどおく。水分が出るので、しっかり絞る。
3 平たい容器に、2、1の甘夏をちぎって入れて、二杯酢を回しかける。冷蔵庫で1時間ほど味をなじませたら、好みで1cm幅に刻んだ香菜カップ1とあえて器に盛り、あればすり白ごまをふる。

memo：きゅうりとセロリと新しょうがの水分をしっかり抜くのがポイント。

ピンチョス3種

ウェルカムに手軽なピンチョスを、組み合わせの妙で魅せましょう。

■ レモン、じゃが芋、アンチョビ

材料（4本分）
レモン（無農薬）… 適量
はちみつ … 大さじ1
じゃが芋 … ½個
アンチョビ … 2切れ

1 レモンは皮ごと3mm幅の輪切りを4枚作り、はちみつをかける。
2 じゃが芋は竹串がスッと通るまで7〜8分ゆでて4等分にする。
3 アンチョビはキッチンペーパーで油分をしっかりふきとり、それぞれ長さを2等分にする。
4 1で3を巻いたものと、じゃが芋を楊枝に刺して4本作る。

■ 煮豆＋つくだ煮

材料（4本分）
好みの煮豆（甘いもの）… 4粒
つくだ煮（きゃらぶき、昆布など）… 適量

> 楊枝に、煮豆1粒とつくだ煮を刺して4本作る。

■ いちじく＋ブルーチーズ

材料（4本分）
白いちじく（乾燥）… 大2個
　バーボンまたは赤ワイン、ラム酒 … 適量
ブルーチーズ … 適量

1 いちじくはバーボンに一晩つけておく。
2 楊枝に半分に切った1と、食べやすい大きさに切ったブルーチーズを刺して4本作る。

part 5

メインにもなる〆のご飯と麺、
組み合わせにひと工夫、ひとセンス

おもてなしの最後は、だいたいご飯か麺を用意します。おなか具合の調整にもなりますし、最後にもう一度、プチ★サプライズがあったらいいな、と思うから。お出しするタイミングによってメインになるものや、持ち寄り会に使えそうなもの、お酒を飲む方にも、飲まない方にも「いいねー」と言っていただける〆にぴったりのものを集めてみました。もちろんふだんの食事にも。その日のメンバーやスタイルに合わせて選んでみてください。

ごぼうだけ！ご飯

初めに蒸らし焼きすることで、炊き上がりのごぼうの香りが際立ちます。渋い色みもかえって印象的。

材料（4〜5人分）
- ごぼう … 1本
  酒 … 小さじ½
  塩 … 小さじ1
  サラダ油 … 少々
- 米 … カップ2
  昆布のだし汁
  （P42）… カップ2
  酒 … 大さじ2
  塩 … 小さじ½

1 ごぼうは小さめのささがきにし（縦に十字の切り込みを入れるとうまくいく）、水に放して、ざるに上げる。
2 鍋にサラダ油を熱して1を入れ、水分がとぶように約30秒炒める。酒、塩を加え、ふたをして30秒蒸らし、火をとめる。
3 米をといで鍋に入れ、だし汁を入れて1時間おく。2、酒、塩を加えて、ふたをしないで中火強にかける。グツグツ沸いてきたら弱火にし、ふたをして11〜12分炊いて火をとめ、10分蒸らす。

memo1：炊飯器の場合は、米2合、酒大さじ2弱、塩小さじ½を入れて、だし汁を目盛りまで注ぎ、2を加えて、普通に炊く。
memo2：2の炒めるところで、小さめに切った鶏肉やハムなどを加えても◎。

にんじんだけ！ご飯

具を1種類にすることで、いつもと違うセンスにまとまります。にんじんのオレンジ色がキレイ！

材料（4〜5人分）
- にんじん … 1½本
  塩 … 小さじ1
  すり白ごま … 大さじ1
  薄口しょうゆ … 小さじ1
  サラダ油 … 少々
- 米 … カップ2
  昆布のだし汁
  （P42）… カップ2
  みりん … 小さじ2
  薄口しょうゆ … 小さじ2

1 にんじんは皮をむいて1本はせん切りに、残りはすりおろして、目の細かいざるに上げ、軽く水けをきる。
2 フライパンにサラダ油を熱し、せん切りのにんじんを水分をとばすように炒める。塩とすりごまを加え、水分がなくなってきたら、しょうゆを回しかけ、火をとめる。
3 鍋にといだ米とだし汁を入れ、1時間おく。2と1のおろしにんじんを加え、みりん、しょうゆを加えて、ふたをしないで中火強にかける。グツグツ沸いてきたら弱火にし、ふたをして11〜12分炊いて火をとめ、10分蒸らす。

memo1：炊飯器の場合は米2合、みりんと薄口しょうゆ小さじ2弱、だし汁を目盛りまで注ぎ、2、1のおろしにんじんを加えて、普通に炊く。
memo2：だし汁がない場合は、代わりにだし昆布を加えて炊く。

まぐろとアボカドのづけちらし

メインにもなる豪華な手こねずし風ちらし。大皿やすし桶で、そのままドーンとテーブルに。

材料（4～5人分）
炊きたてのご飯 … 2合分
　*すし酢 … 60ml
まぐろ（刺身用切り身）… 20切れ
　しょうゆ … 大さじ2
　みりん … 大さじ2
アボカド（完熟）… 1～1½個
菜の花 … 1わ
いり白ごま … 適宜

1 まぐろは半分に切って、しょうゆとみりんを合わせたつけ汁につけて30～40分冷蔵庫に入れておく。
2 菜の花はゆでて冷水にとり色止めし、食べやすい大きさに切る。アボカドも皮と種を除き、食べやすい大きさに切る。
3 炊きたてのご飯に、すし酢を混ぜ合わせる。しばらくおいてさまし、つけ汁をきった1と2を加えて混ぜる。あれば白ごまをふる。

memo：すし酢は菜箸や手を使って、全体を切るように混ぜると扱いやすい。

*すし酢
材料と作り方
（作りやすい分量＝約カップ1分）
酢カップ1、砂糖120g、塩30gを小鍋に入れて混ぜ、弱火にかける。砂糖が溶けたら火をとめる。沸騰させると酢の風味がとんでしまうので、沸騰させないように。
▶一般的にすし飯は、ご飯2合に対してすし酢60mlという比率を覚えておきましょう。

スモークサーモンと
ブラックペッパーの
レモン風味ずし

サンゴ色が鮮やか！ 扱いやすいスモークサーモンで作ります。持ち寄り会に持参すると、株が急上昇！

材料（20×8×6cmの箱1台分）
炊きたてのご飯 … 2合分
スモークサーモン … 15枚
白ワインまたは酒 … 大さじ2
＊レモンすし酢 … 60mℓ
レモン（無農薬）の皮のみじん切り
　… 1個分（7〜10g）
粗びき黒こしょう … 小さじ¼
レモンの皮（飾り用）、ディル … 各適宜

1 スモークサーモン12枚は1枚ずつ広げて、白ワインをふりかける（**A**）。残りは細かく切り、レモンすし酢大さじ1をまぶす（**B**）。

2 炊きたてのご飯を、すし桶または大きなバットに入れて、残りのレモンすし酢を混ぜ合わせる。レモンの皮、黒こしょうも混ぜ込む。
memo：菜箸を使って、数回に分けてすし酢を加え、全体に切るように混ぜる。

3 箱ずし用の箱は、しばらく水につけてぬらしておく。箱の底に**1**の**A**のサーモンを並べる（余りが出たら、**1**の**B**同様に切って混ぜる）。**2**の半量を詰め、**B**のサーモンを全体に広げ、残りの**2**を詰めて、しっかり押す。そのまま1時間程度おく（夏場は涼しいところで）。

4 箱を逆さにして中身を取り出し、あればレモンの皮とディルを飾る。包丁を入れるたびに刃をぬらし、食べやすい大きさに切る。
memo：ラップに**A**のサーモンをのせて、**B**を混ぜ込んだご飯をのせ、茶巾に絞って手まりずしにしても。

＊**レモンすし酢**
材料と作り方
（作りやすい分量＝約カップ1強）
酢150mℓ、砂糖130g、塩30g、レモン汁2個分（60mℓ）を小鍋に入れて混ぜ、弱火にかける。砂糖が溶けたら火をとめる。
▶このままサーモンマリネ液やドレッシングにしても◎。

干しさばとしょうがの
ご飯

焼いた干しさばをしょうがご飯に混ぜるだけの手軽な混ぜご飯。しょうがご飯は覚えておくと便利です。

材料（4〜5人分）
- ●しょうがご飯
  - 米 … カップ2
  - 水 … カップ2
  - 酒 … 大さじ2
  - 塩 … 小さじ1強
  - しょうが … 40g（新しょうがなら60g）
  - だし昆布 … 5×7cm 1枚
- さばの一夜干し … 1枚（約20cm）
  - しょうゆ … 小さじ1
- ディル（刻む）… 大さじ1
  （乾燥の場合は小さじ1）

1 しょうがご飯を炊く。しょうがはみじん切りにする。鍋にといだ米と分量の水、酒を加えて1時間おく。塩、しょうが、昆布を加え、ふたをしないで中火強にかける。グツグツ沸いたら弱火にし、ふたをして11〜12分炊いて火をとめ、10分ほど蒸らす。

2 さばは魚焼きグリルで普通に焼く。骨を取り除いて、身をほぐし、しょうゆを全体にふりかけてあえる。

3 炊き上がったしょうがご飯に、**2**とディルをよく混ぜ合わせる。

memo：炊飯器の場合は、米2合、酒大さじ2、塩小さじ1を入れて、目盛りまで水を注ぎ、しょうがと昆布を加えて、普通に炊く。

黒こしょうの
ショートパスタ

シンプルすぎるところが、かえって新鮮なもの。ローマあたりでの定番です。急遽一品というときにも。

材料（2〜4人分）
ショートパスタ（ベスビオ、ペンネなど）
　…160g
　塩 … 小さじ2
チキンスープ … カップ3
粗びき黒こしょう … 大さじ1
粉チーズ … 大さじ3

1 鍋にパスタと塩を入れ、温めたチキンスープをひたひたまで注ぐ。中火にかけ、スープが減ってきたら、少しずつ足しながら、常にひたひたを保つように火を入れる。表示通りのゆで時間で様子を見て、固めのアルデンテで火をとめる。

2 ボウルに黒こしょうと粉チーズを入れ、ゆで汁をきった**1**を加えてよくあえる。

memo：ショートパスタは、常にひたひたの状態を保ちながらゆでるのが、おいしさのポイントなのです。

冷やしゃぶゴーヤそうめん

豚のゆで汁でゴーヤもそうめんもゆでます。コクのある冷やし麺に。

材料（4人分）
そうめん … 4わ
豚ロースしゃぶしゃぶ用肉 … 300g
ゴーヤ … ½本
おろし大根 … 7cm分
青じそ … 適宜
ゆずこしょう … 適宜
しょうゆつゆ（P43または
　市販のめんつゆ）… 適量

1 ゴーヤは、種とわたを除いて薄切りにする。
2 鍋に湯を沸かし、沸騰しているところに豚肉を入れてしゃぶしゃぶし、氷水にとってざるに上げる（ゆで汁はそのまま使う）。
3 同じ鍋で**1**をサッとゆがき、ざるに上げる。
4 続けて同じ鍋でそうめんを表示通りにゆで、ざるに上げる。
5 器にそうめん、ゴーヤ、豚しゃぶを順に盛りつけ、おろし大根をのせる。しょうゆつゆをかけ、好みで青じそとゆずこしょうを添える。

飲んだあとの〆には一口サイズで（分量を半分にして作る）。

トマト黒ごまそうめん

赤と黒のコントラストがインパクト大。ごまは多すぎる？　と思うくらい入れるのがポイントです。

材料（4人分）
そうめん … 4わ
トマト … 小5個
　塩 … 1つまみ
すり黒ごま … 大さじ5
酢 … 大さじ1
みょうが … 適宜
塩つゆ（P43）… 適量

1 トマトは種を除きながらざく切りにする。ボウルに入れ、塩をふって10分ほどおく。トマトから出た水分をきって使う。
2 1にごまと酢を加えて混ぜる（ごまが多いくらいが◎）。
3 そうめんを表示通りにゆで、ざるに上げて流水でもみ洗いする。
4 器にそうめんを盛り、**2**をのせて、好みでみょうがのみじん切りを飾り、塩つゆをかけて食べる。

memo：塩つゆをかけると、黒ごまと合わさってごまつゆのようになるのです。納豆を加えても◎。

季節の長崎皿うどん

麺は市販のものをそのまま器にのせるだけ！ あんで季節感を演出します。

材料（4人分）
皿うどん用の麺または揚げ麺
　… 4人分（約400g）
豚ロース薄切り肉 … 200g
干しえび … 大さじ2½（10g）
　ぬるま湯 … 大さじ3
春菊 … 2わ（季節によって小松菜、
　ほうれんそうでも）
しめじ … 1パック
●合わせ調味料
　オイスターソース … 大さじ1⅓
　みりん … 大さじ1⅓
　酢 … 大さじ1
　すり白ごま … 大さじ2
ごま油 … 小さじ2
●水溶き片栗粉
　片栗粉 … 大さじ1
　水 … 大さじ1

1 干しえびは分量のぬるま湯に30分ほどつけてもどす。もどし汁はあとで使うのでとっておく。
2 春菊は3〜4cm長さのざく切りに、しめじも大きなものは切る。豚肉は2〜3cm幅に切る。
3 大きめのフライパンか中華鍋にごま油を熱し、豚肉と**1**の干しえびを入れて、7割火が入ったら、しめじ、春菊を順に加えて炒める。**1**のもどし汁、合わせ調味料もすべて加え、さらに炒め合わせる。
4 水溶き片栗粉を回しかけ、全体にからめたら、器に盛りつけた麺にかける。

column 4

レッツ♪
調味料と食材をめぐる冒険へ！

シンプルな料理は、調味料が大きな役割を担います。私はいつも、新しいキャミソールを買うのをやめて、おいしい調味料を買おう！とすすめています。少し高いな？　と感じるかもしれませんが、毎日体の中に入っていくものですし、丁寧に愛情を注いで作られているものは、おいしくて、力をくれると思います。ここでは私が愛用している調味料や常備食材をご紹介します。あくまでも参考に、自分の好きな味を探す旅を始めてみませんか。

しょうゆ（濃い口、薄口）
やさしい味で料理を選びません。九州のしょうゆですが、長崎のは甘くないです。育った地域や家庭で好みが違うので、好きな味を見つけてみてください。◇むらさきシリーズ／チョーコー醤油（株）

みりん
みりんは料理に大きな差が出ると思います。ぜひ飲み比べてみて。福みりん（中）はコクが極み。ロックで飲みたくなります。右はセカンドライン。八重桜（左）は色が薄く、まろやか。◇福みりん／（株）福光屋　◇南都八重桜／（株）今西清兵衛商店

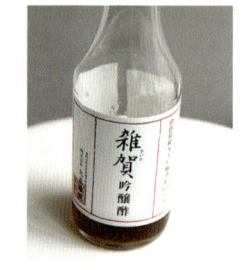

酢
千鳥酢（村山造酢）や富士酢（飯尾醸造）も使っていますが、そのままダイレクトに味を出すときは、これを使うことが多い。好きな味です。酒屋さんが、吟醸酒を作るのと同じように米から丁寧に作っています。◇雑賀吟醸酢／（株）九重雑賀

白みそ・赤みそ
京都で初めて食べたときはたまげました（笑）。なんとも自然な甘み。このまま食べてもおいしく、やさしい味わいです。冷凍していてもスプーンですくえるので、冷凍保存して大事に使っています。京都へ行かれたらぜひ！◇（株）山利商店

菜種油とえごま油
レシピに「サラダ油」とある場合、加熱用はこれらを中心に使っています。香りがないので、香りをつけたくない料理に重宝します。そのままドレッシングにしても。◇菜の雫（右）／（株）しずくいし　◇えごま油（左）／太田油脂（株）

ごま油
やさしい香りと味わいです。和・洋どちらにも使いやすい。ドレッシングなどにもよく使っています。◇玉締めしぼり胡麻油（左）、芳香落花生油（右）／（株）山中油店

オリーブ油
モンティ・デル・ドゥーカ（右）は、草原の青さを感じてフレッシュ感が強い。サラダやパンにかけるだけでも。オリオ・ロイ（左）は、パスタやリゾットなど味が強い相手にも。乳化させてもおいしいオイルだと思います。

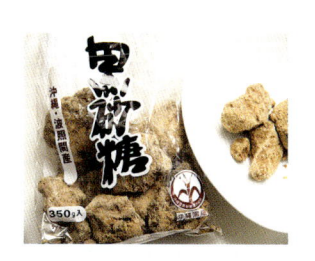

黒砂糖

精製されている上白糖や三温糖も使いますが、コクや香りを感じる砂糖として、あえて黒砂糖を使うことも多いです。このほか、きび糖などは直接的な甘みではないので、しっかり味をつけたい場合は少し多めに使ってください。

酒かす

初めて見たときは板状じゃないのにびっくり。食べてみて、芳醇な味にまたびっくり！ でした。柔らかくて使いやすいので、料理の幅が広がります。そのまま食べたくなるほど。◇福正宗 純米吟醸 酒粕／（株）福光屋

かつお節

かつお節は血合いがついていても充分おいしいと思います。私はよく問屋さんから直接購入しています。(有)池田物産、(株)まるじょうなどです。問屋だと比較的リーズナブルです。

ピンクペッパー

ちょっとのせると、ググッとおもてなしモードになるので常備しています。スーパーなどで見つけられます。辛さはほとんどありません。ビジュアル系としてデザートにも。

とろろ昆布（がごめ昆布）

北海道でも道南でとれるがごめ種は粘りが違って、ちょっとワイルドなとろろです。湯で溶くだけでもおいしい。おにぎりやあえ物にも使っています。

ぶぶあられ

いろいろなトッピングに使えます。ほうじ茶に入れるだけでかわいさ倍増。もちろん、お茶づけも一気におしゃれになりますよ。◇京の五色あられ（ぶぶあられ）／(有)田邊屋

リゾット米

イタリアのカルナローリ米。粒が大きめで粘りが少なく、リゾットに最適です。これを使うと、米もパスタだと感じます。日本の米と混ぜて２種の食感を楽しんでも♪ 輸入食材を扱うスーパーやネットで「カルナローリ米」を探してみてください。

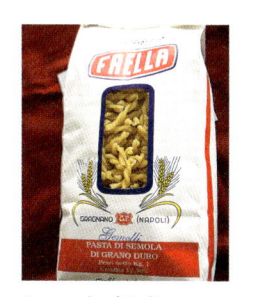

ショートパスタ

ファエッラ社のパスタは、乾燥パスタの王様。固めのアルデンテで食べると、小麦が本当においしいとわかる！ 間違いないパスタです。デパートやネットで見つけてみてください。

黒蜜・バルサミコクリーム・生砂糖

アイスや白玉にかけるだけで粋なデザートに！ バルサミコクリーム（中）は絵や文字が書けるほどの粘度。黒蜜（左）、生砂糖（右）はブルーチーズにも。◇くろみつ／(有)林孝太郎造酢 ◇バルサミコクリーム／ボフォール ◇生砂糖／（株）鴻商店

part 6

簡単&シンプルなお手製デザートで、
自分をほめてあげたい！

デザートまで作るなんて大変！ そうですよね。そこをなんとか、がんばって作ってみると、満足度が上がる気がします。「私ってえらいっ！」おもてなしは達成感を得ることも大切。この章では、あたふたと準備をしながらでも作れる、あるいは、前もって作っておけば余裕でお客様を迎えられる、シンプルだけど喜ばれるデザートを集めてみました。きっちり量らなくてもいい、失敗の少ないデザートヒットパレードです。

ティラミス

本場ベネツィアのマンマに教えてもらったレシピです。世界一簡単かも。

材料（4〜5人分）
- インスタントコーヒー
  … 大さじ2½
  熱湯 … カップ1
  コーヒーリキュールまたはラム酒
  … 大さじ2
- ビスコッティ（サヴォイアルディ）
  … 15本
- 卵黄 … 3個分
- グラニュー糖 … 70g
- マスカルポーネチーズ … 250g
- バナナ（ラム酒に30分つけたもの）
  … 適宜
- *コーヒーゼリー … 適宜
- ココアパウダー … 適宜

1　分量の熱湯にインスタントコーヒーを混ぜ、リキュールを加えてさましておく。
2　ビスコッティをサーブ用の器に並べ、1をまんべんなくふりかけておく。
3　卵黄はヘラでつぶしながらよく混ぜ、グラニュー糖を加えてさらに混ぜる。もったりしてきたら、マスカルポーネチーズを加え、さらに混ぜる。
4　2の上に3を流し込み、冷蔵庫で2〜3時間ねかせる。
5　あれば、バナナのスライスとくずしたコーヒーゼリーを飾り、ココアパウダーをふる。

memo：持ち寄り会用には、前日に作って冷凍しておくといい。

ザヴォイアルディがない場合は、厚みのあるビスキュイ系のフィンガービスケットでも。

＊コーヒーゼリー
（12×15cmの流し缶1台分）

材料
板ゼラチン … 8枚（12g）
コーヒー … カップ2
黒砂糖 … 大さじ4
コーヒーリキュール
　またはラム酒 … 大さじ1

1　板ゼラチンは水につけて約15分ふやかしておく。
2　コーヒーを80度に温め、黒砂糖、リキュール、1を加えて、よく溶かす。流し型に入れ、粗熱がとれたら冷蔵庫で約3時間、冷やし固める。
memo：同じコーヒー味を違う食感で楽しんで。

黒糖ゼリーと
ゆかり白玉

あのふりかけのゆかりちゃんで、
しそが香る白玉に。みんなでゆで
ても楽しいかも♪

材料（5〜6人分）
●黒糖ゼリー
　酒 … 120㎖
　水 … カップ2
　黒砂糖 … 100g
　板ゼラチン … 10枚（15g）
●ゆかり白玉（約15個分）
　白玉粉 … 100g
　ゆかり … 小さじ2
　水 … カップ½
けしの実 … 適宜

1 黒糖ゼリーを作る。板ゼラチンは水（材料表外）に10分程度つけてふやかしておく。鍋に酒、分量の水、黒砂糖を入れて火にかける。フツフツとしてきたら火をとめ、ゼラチンを入れてよく混ぜる。

2 流し缶をぬらして**1**を入れ、粗熱がとれたら冷蔵庫で約3時間、冷やし固める。

3 ゆかり白玉を作る。ボウルに白玉粉とゆかりを入れ、分量の水の8割を入れて練る。様子を見ながら残りの水を足して、耳たぶより少し固い程度にまとめる。

4 **3**を直径2㎝大に丸くまとめ、真ん中を少しへこませる。熱湯に入れて6〜7分ゆで、白玉が浮いてきたら、水にとる。

5 器に黒糖ゼリーと白玉を盛りつけ、あればけしの実を飾る。

memo1：白玉をゆでるのは食べる直前がベスト。ただ、2〜3時間なら水につけておける。
memo2：ゼラチンの代わりに粉寒天（6g）でも。寒天は常温で固まるので持ち寄りにも便利。

ゼラチン・寒天

ゼラチンには、冷蔵庫で固まる、常温で溶ける、沸騰すると固まらなくなる、という特徴が。寒天は常温で固まって溶けない、しっかり熱を入れてよく混ぜることが基本。この特徴を生かして使い分けるといいでしょう。

アイスビスケット

誰が何と言っても、立派な手作りデザートなのです！

材料（4個分）
バニラアイスクリーム（市販）… 150g
好みのビスケット … 8枚
干しぶどう … 20粒
　ラム酒 … 適量

1 干しぶどうは、ラム酒に30分つけておく。
2 アイスクリームに汁けをきった**1**を加えてよく混ぜる。
3 **2**をビスケット2枚ではさんで、ラップで包み、冷凍庫で約2時間ほど冷やし固める。

memo1：P10で紹介したサワークリーム＆マーマレードや、サワークリーム＆コーヒーのディップをはさんでもおいしい。
memo2：冷凍庫で3日間保存可。

バルサミコ・デ・アイス

かけるだけ！で、リストランテなデザートに大変身。私って天才？

材料と作り方
> バニラアイスクリーム適量にバルサミコクリーム少々をかけるだけ。

memo：このほか、黒蜜や生砂糖（以上P63）でも。この子たち、便利です。

あふれないよう注意しながら、ぎゅうぎゅうに入れ込むように入れてください。

干し芋のパルフェ

本当は誰にも教えたくない！のだけれど、特別に。難しい（？）ので気取った名前をつけてみました。

材料（作りやすい分量）
ヨーグルト（無糖）… 1パック（450g）
干し芋 … 4枚（80g）
干しぶどう、クランベリー … 各適宜

1 干し芋は、3cm角に切る。
2 ヨーグルトの内ぶたをはがし、**1**を入れ込む。好みで干しぶどうなど、ドライフルーツを足しても。
3 外ぶたをして、冷蔵庫に半日以上おく。

memo：干し芋がヨーグルトの水分を吸って不思議な食感に。いくらでも食べられるので、要注意！

真っ赤なゼリー

赤いものだけで作ってみてください。「大人かわいさ」倍増＆ぐっとおしゃれに。

材料（4〜5人分）
- 赤いゼリー
  - いちご … 6個
  - ブルーベリー（冷凍）… 100g
  - レモン汁 … 小さじ1
  - 板ゼラチン … 6枚（9g）
  - カシスリキュールまたは赤ワイン、キルシュ … カップ½
  - 水 … カップ1
  - グラニュー糖 … 大さじ2
- 赤いソース
  - いちご … 6個
  - ブルーベリー（冷凍）… 10粒
  - ラズベリー（冷凍でも可）… 50g
  - グラニュー糖 … 大さじ1
  - カシスリキュールまたは赤ワイン、キルシュ … 大さじ1
  - レモン汁 … 小さじ1

1 ゼリーを作る。いちごとブルーベリーは粗みじん切りにし、レモン汁をかける。板ゼラチンは水（材料表外）につけてふやかす。
2 鍋にリキュールを入れ、分量の水、グラニュー糖、1のフルーツを加えて加熱する。フツフツしてきたら火をとめて、1のゼラチンを加え、完全に溶かす。器に注ぎ、冷蔵庫で3時間、冷やし固める。
3 ソースを作る。いちごは飾り用に2個残し、縦に8等分に切る。ブルーベリーは半分に切る。ラズベリーは飾り用に8粒残し、いちご、ブルーベリーとともに鍋に入れ、グラニュー糖、リキュール、レモン汁を加えて、約15分おいて水分を出す。
4 3をそのまま弱火にかけて、煮えてきたら火をとめてさます。
5 2に4のソースをかけて、飾り用に取り分けておいたいちごやラズベリーを食べやすく切って飾る。

甘夏寒

ハードルが高そうですが、簡単で美しい季節感あふれるデザート。常温でも溶けない寒天は手土産にも。

材料（甘夏2個分）
- 甘夏 … 3個
- 寒天（粉末）… 4g
- はちみつ … 大さじ3
- レモン汁 … 小さじ1
- コアントロー（オレンジリキュール）… 適宜

1 甘夏2個で容器を作る。それぞれ上部1cmくらいの部分をふたになるように切る。
2 皮と果肉の間に包丁で切り込みを入れ、手で繰り出すようにして中身をくりぬく（穴をあけないように）。
3 残りの甘夏は皮をむき、半量の果肉はとっておく。残りの果肉と、2でくりぬいた果肉を、さらし布で絞り、カップ2の果汁をとる。
4 3の果汁を火にかけ、はちみつとレモン汁、寒天を加えて熱し、しっかり混ぜる。沸騰したら火をとめ、粗熱をとる。
5 1の甘夏の容器に、3で残しておいた果肉を入れ、4を上部まで注ぐ。常温で4時間程度で固まる。冷蔵庫で冷やしたほうがおいしい。

大人のグラニータ

フランス語ではグラニテ。元はイタリア・シチリアの名物です。

■ すいかのグラニータ

材料（作りやすい分量）
すいか … 150g（10×5㎝3切れ）
カンパリ（リキュール） … カップ½
砂糖（上白糖、三温糖、グラニュー糖など）
　… 小さじ½

> すいかは皮と種を除き、すべての材料をミキサーにかける。容器に入れて冷凍庫に1時間半おいたら、全体をかき混ぜ、再び冷凍庫へ。これを2〜3回くり返す。

■ バジルのグラニータ

材料（作りやすい分量）
バジル … 10g（約25枚）
シャルトリューズ（リキュール） … カップ½
水 … 大さじ2
黒砂糖 … 小さじ1
レモンの皮 … 適宜

> レモンの皮以外の材料をミキサーにかける。容器に入れて冷凍庫に1時間半おいたら、全体をかき混ぜ、再び冷凍庫へ。これを2〜3回くり返す。あればレモンの皮を飾る。

コンポート

応用がきく定番コンポートと、火を使わないローフードのなんちゃってコンポートです。いろんなフルーツで作ってみて。

■ 柿の黒糖コンポート

材料（作りやすい分量）
柿 … 2個
レモン汁 … 小さじ2
黒砂糖 … カップ½
酒または焼酎 … カップ½
みりん … 大さじ2
シナモンパウダー … 少々

1 柿は皮をむき、6等分に切って種を除く。
2 鍋に1を並べ、レモン汁と黒砂糖を全体にふって、1時間ほどおく。
3 酒、みりん、シナモンを加えて、弱火で20〜30分煮る。そのままさまし、汁ごと冷蔵庫で保存する。

■ いちじくの
　なんちゃってコンポート

材料（作りやすい分量）
いちじく … 2個
塩 … 1つまみ
ブラウンシュガーまたはグラニュー糖
　… 大さじ1
赤ワイン … 大さじ4

1 いちじくは皮をむいて、縦4等分に切る。キッチンペーパーを敷いたざるにのせ、塩をふりかけ、30分ほどおく。
2 1の水けを軽くふき取って、ボウルに入れ、ブラウンシュガー、赤ワインを加えて全体にからめ、冷蔵庫に2時間おく。

part 7

シーン別コーディネートで
テーブルを楽しく演出する

料理のおいしさは、見た目が7割などという説も？　だから私は最後の仕上げであるテーブルの演出も大切にしたいなと思っています。料理にちょっと自信がなくてもこれできっとカバーできます。たとえば料理の中の印象的な色をテーマカラーにしたり、季節の花をテーマにしたり。メンバーの顔を思い浮かべながらあれこれ考える時間も楽しみましょう。

■ 楽しいテーブルコーディネート、いろいろ

赤い帯をライナーにして、ベージュと合わせて優しく。
同じ形の柄違いの器というのは、私の好きなパターンです。

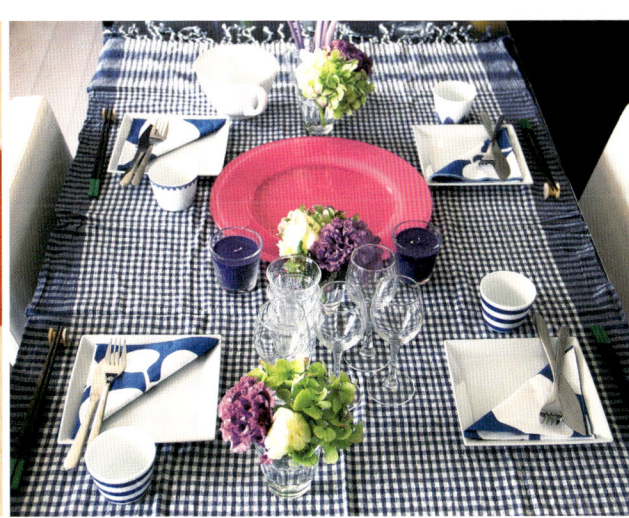

献立はメキシカン。ありがちな赤や黄は使わず、
ノーアイロンのクロスやキッチュな皿でカジュアルに。

夏は涼しげな白基調で。海で見つけた貝殻の箸置きとシェルのお皿。
ガラスの器の下には、やつでの葉を敷いてさわやかに。

いただいた蘭の花のオレンジでまとめてみました。
アクセントはお皿にも飾った花。こういう日は、料理もオレンジを効かせて。

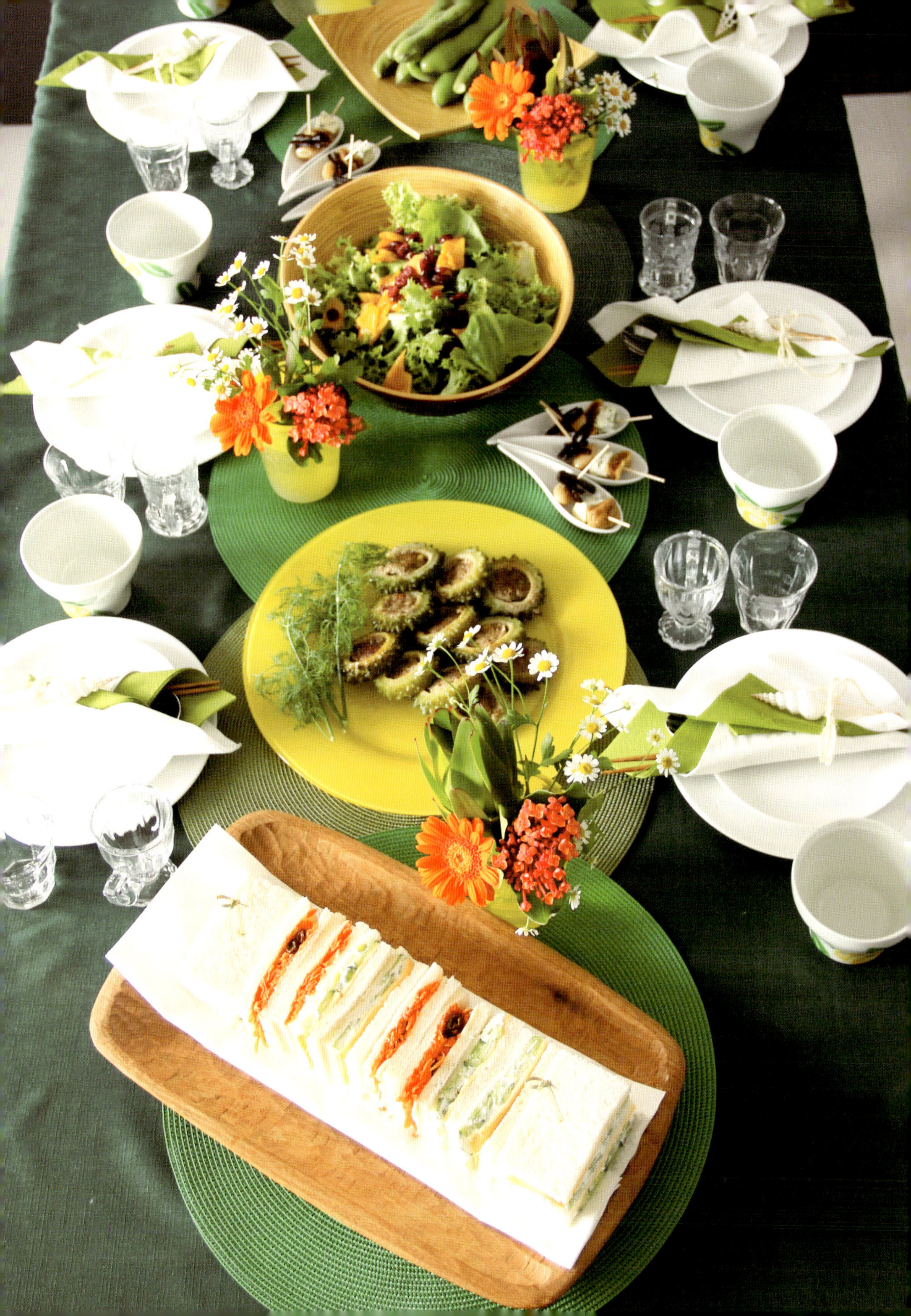

ママ友を初夏のランチに呼んじゃおう!

初めから出しておけるメニューを多くして、おしゃべりの時間をたっぷり取りましょう。

この日の献立

始めからテーブルに
- いちじく＋ブルーチーズ（P53）
- 煮豆＋つくだ煮（P53）
- にんじんだけサンド
  きゅうりだけサンド（右記）
- マンゴーとクランベリーの
  グリーンサラダ（P16）

仕上げのひと手間でテーブルに
- 玉ねぎのスープ（P48）＋カレー風味
- 焼きそら豆
- ゴーヤバーグ（P45）
- 干し芋のパルフェ（P67）

献立のポイント
▶できるだけ席を立たなくて済む献立にすれば、おしゃべりが弾みます。
▶好きなものを好きなだけ食べられるスタイルでカジュアル感アップ。早く帰らなくてはいけない人がいる場合や、好みがわからない場合もOKです。

段取りメモ

▶サンドイッチには湿らせた布、またはペーパーをかぶせておけば乾燥を防げます。
▶スープは、タイミングのよいところで温めて。
▶ゴーヤバーグは焼いたあと、フライパンにふたをしておき、お出しする直前に少し火を入れる。
▶そら豆はグリルに入れておいて、さやのまま6〜7分焼くだけ。
▶デザートもあらかじめ作って冷蔵庫にキープ。

テーブルセッティング

▶にんじんだけサンドやサラダのマンゴー、ゴーヤのカラーをもとに、テーマカラーをイエローとグリーンに。
▶初夏を感じさせるものとして、女性が気づいてくれそうなびわ柄の器や貝殻のモチーフを使っています。

pick up

左：ピンチョスも、個別に盛りつければかわいい演出に。
右：玉ねぎのスープ（P48）にカレー粉小さじ1を入れて、カレー風味に。

にんじんだけサンド／きゅうりだけサンド

いつもと少し表情の違うサンドイッチに。具はそのままサラダにもなります。

材料（4人分）

にんじんだけサンド
- パン（サンドイッチ用）… 8枚
- にんじん … 2本
  - 塩 … 小さじ1
- ●ドライフルーツビネガー
  - 干しぶどう … 大さじ3
  - 酢 … 大さじ3
- マヨネーズ … 適量

1 干しぶどうは酢に2時間つけて、ドライフルーツビネガーを作っておく（P16）。
2 にんじんはチーズグラインダーなどを使って、けばだったせん切りにする（味をしみ込みやすくするため）。これに塩をふって混ぜ、20分ほどおき、水けをしっかり絞る。
3 2に1を酢ごとかけて、全体をよく混ぜ、1時間ほどおく。
4 パンに薄くマヨネーズを塗り、3をのせてサンドし、これを4組作る。2組ずつ重ねて、湿らせたさらし布かクッキングペーパーで全体を包むように覆っておく。お出しする前に半分に切り、器に盛る。

きゅうりだけサンド
- パン（サンドイッチ用）… 8枚
- きゅうり … 2本
  - 塩 … 小さじ1
- ヨーグルト（無糖。*脱水したもの）
  … 300g
- レモン汁 … 大さじ1
- スライスチーズ … 4枚

*ざるにキッチンペーパーを敷いてヨーグルトをのせ、半日程度脱水する。

1 きゅうりは皮を半分程度むいて、薄い小口切りにする。塩をふって混ぜ、20分ほどおき、しっかり水けを絞る。
2 脱水ヨーグルトとレモン汁を1に加え、全体をよく混ぜる。
3 パンにスライスチーズ1枚と2をのせ、サンドする。これを4組作り、にんじんだけサンドと同様に湿度を保っておき、お出しする前に半分に切る。
memo1：オープンサンドにしてもOK。

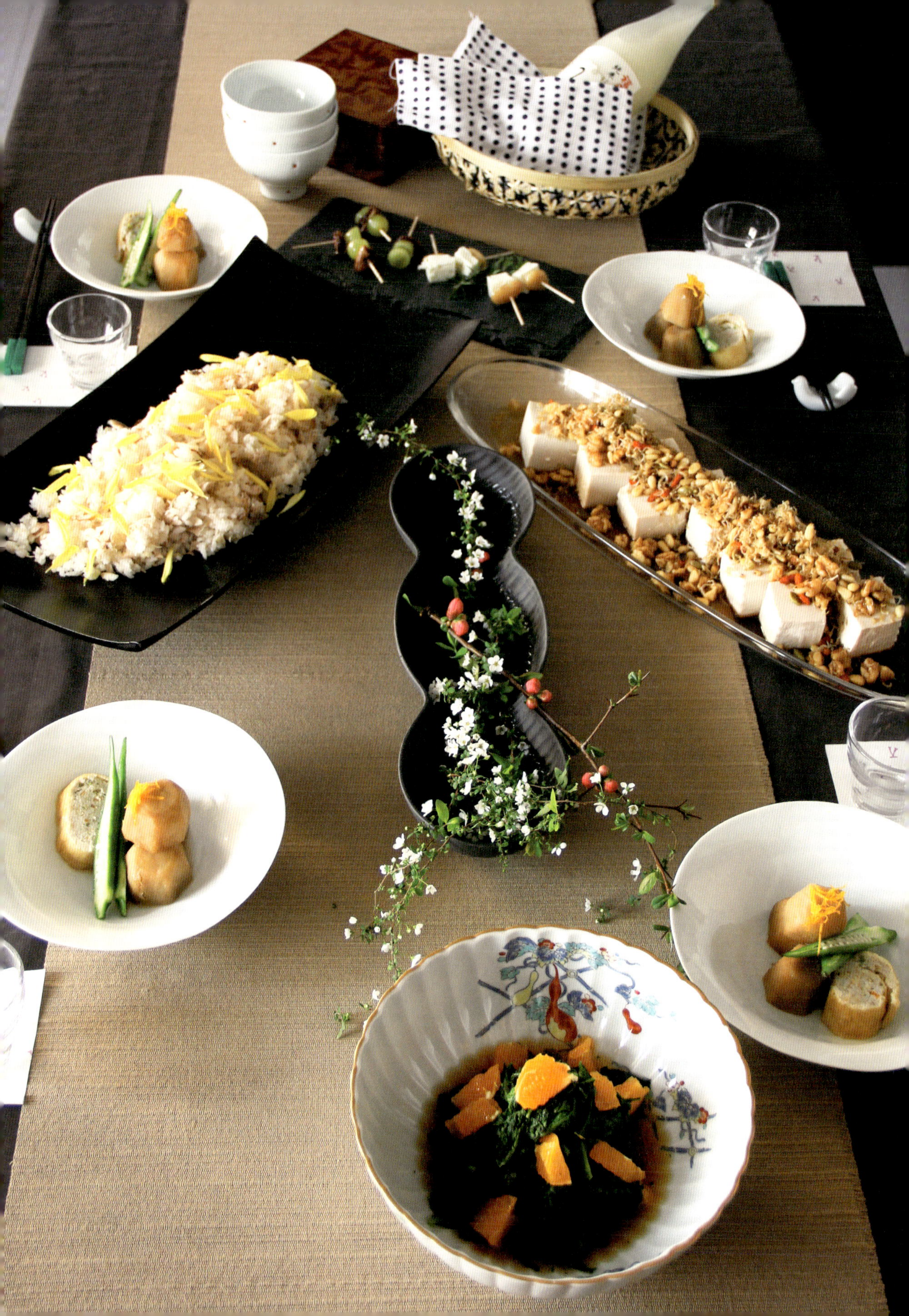

お義母さまがやってくる！YA！YA！YA！

ちょおおっと緊張してしまうお義母さまの訪問。ムリはせず、でも丁寧に。

この日の献立

始めからテーブルに
- ピンチョス（ぎんなんなど季節のもので）
- 春菊のみかんポン酢あえ（P47）
- 香のもの（重箱）

タイミングを見てテーブルに
- じゃこナッツ豆腐（P18）
- 里芋の炊いたん（右記）、信太巻き（P49）、オクラの塩地八方（P43）添え
- ぶり玉つみれ汁（P46）
- 干しさばとしょうがのご飯（P58）
- 黒糖ゼリーとゆかり白玉（P66）

献立のポイント
▶ 事前に作って味見ができるメニューにすれば、尻込みしがちな和食献立も失敗がなくなります。
▶ 定番を、味は確実に、あしらいは少しモダンにして、お料理上手の称号をもらっちゃいましょう。

段取りメモ

▶ 信太巻き、オクラは前日に作って味をしみ込ませて。
▶ みかんポン酢、じゃこナッツは2日前から用意できます。
▶ 里芋は事前に炊いておくことができます。信太巻きもだし汁につけておきましょう。
▶ 当日は、春菊をゆでる、ぶり玉つみれ汁（だし汁は前日でも可）、干しさばとしょうがのご飯、ゆかり白玉を作ります。

テーブルセッティング

▶ 庭の枝花を和食器に生けるアレンジで魅せる。
▶ 重箱を使っておもてなし度をアップ。
▶ 地味になりがちな和食も、大皿に盛りつけてごちそう感を演出。

---

pick up

左上：お正月以外でも重箱を活用しています。ふたが閉められるので、乾燥の心配がなく、テーブルに出しておくことができます。
右上：低い生け方にすると圧迫感がなく、テーブルの収まりがよくなります。花器には和食器を使いました。
左：炊き合わせは華やかな鉢形の器に盛っても。表情が変わります。

里芋の炊いたん

煮汁をしっかり含んだ里芋はやさしい味わい。さめてもおいしい。

材料（4人分）
里芋 … 8個（800g）
塩 … 適量
米のとぎ汁 … 適量
だし汁 … カップ1½
砂糖 … 大さじ1
みりん … 大さじ2
薄口しょうゆ … 大さじ2
濃い口しょうゆ（香りづけ用）… 小さじ1

1 里芋は乾いたまま皮をむき、食べやすい大きさに切って、時間があれば角を落とし、面取りする。
2 1を塩でもみ洗いし、ひたひたの米のとぎ汁で、竹串を刺してやや固めくらいに下ゆでする（とぎ汁がない場合は米1つまみを入れてゆでる）。
3 里芋が重なりすぎないような大きさの鍋に2を並べ、だし汁をひたひたに入れて紙ぶたを覆うようにして、5〜6分中火強で炊く。沸いたら弱火にし、砂糖を加えて5〜6分炊く。薄口しょうゆ、みりんを加えて、さらに約25分、煮汁が3割程度になるまで炊く。
4 仕上げに香りづけのしょうゆを加え、そのままさます。信太巻きなどと盛り合わせ、あればゆずの皮を飾る。

memo：里芋が乾かないように紙ぶたでやさしく覆い、煮汁をしっかり対流させる。

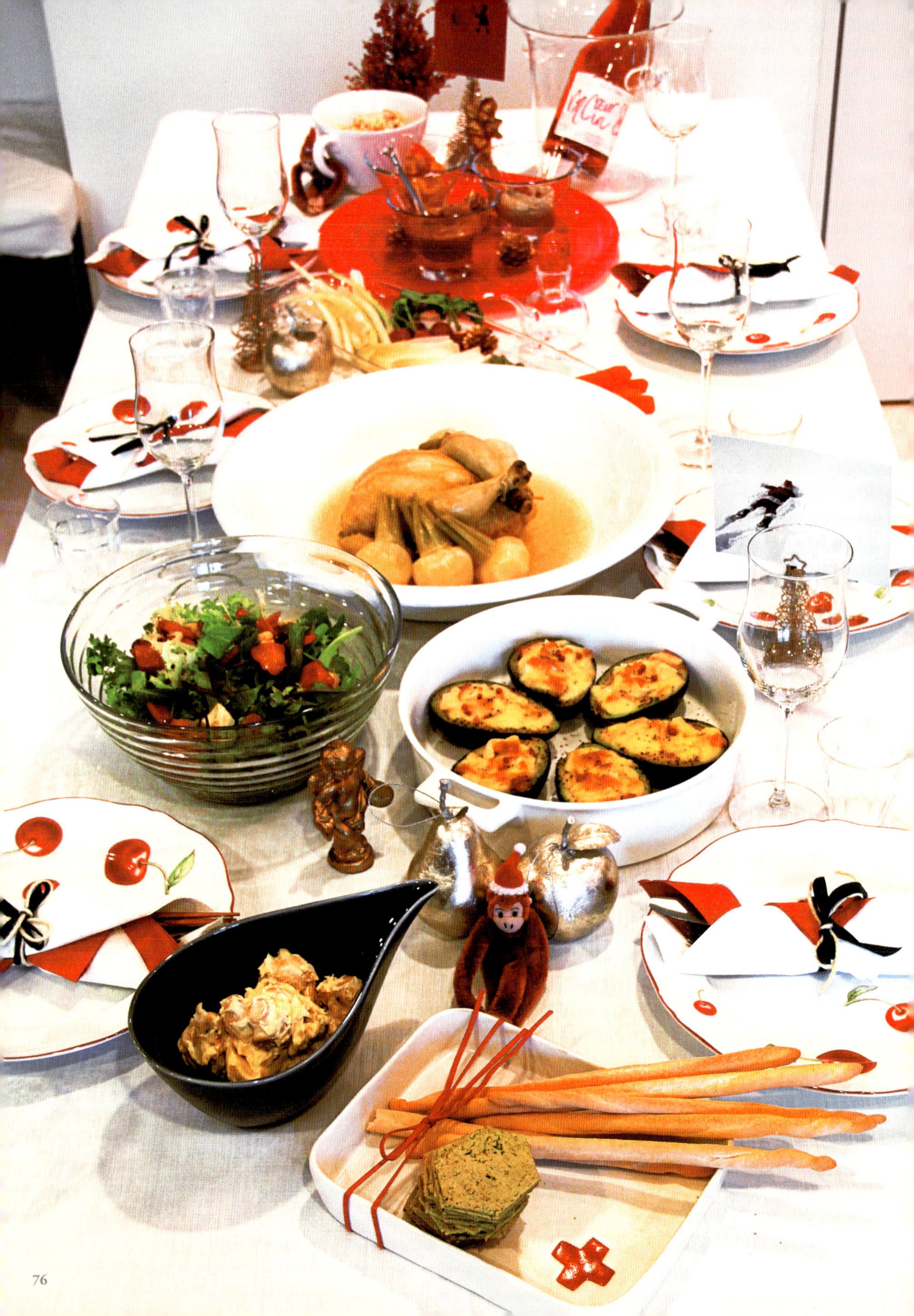

クリスマスはカジュアル&ややリッチに

赤&グリーン、豪華食器セットで！ なーんてイメージにとらわれないのが気分です。

この日の献立

始めからテーブルに
- 3種のディップ（P11、マイフムス、酒かすブルーチーズ、みそバター）+野菜スティック、クラッカー
- 白いマッシュルームのサラダ（右記）
- グリーンサラダ

タイミングを見てテーブルに
- アボカドのグラタン（P6）
- プーロ・ポー（P40）
- 〆のリゾット（P41）
- 真っ赤なゼリー（P68）

献立のポイント
▶スタートからラストまで食べられるサイドメニューを充実させれば、自分のペースでサーブできます。
▶これぞメイン！ とわかる"歓声の上がる料理"で、スペシャル感をアップしましょう。
▶おなか具合を調整してもらえる〆のご飯（リゾットなど）を用意しておけば、足りなかったらどうしよう？ という心配がなくなります。

段取りメモ

▶ディップは前日までに作っておくとラク。
▶プーロ・ポーは早めに仕込んで温めるだけにしておく。
▶マッシュルームのサラダはお客様がいらしてから混ぜる。
▶アボカドのグラタンはオーブンにセットしておいて、焼くだけの状態に。
▶プーロ・ポーを食べているときに、さりげなくリゾットの準備をして。
▶真っ赤なゼリーはあらかじめ作って冷蔵庫に。

テーブルセッティング

▶あえて定番のクリスマスイメージからは少しはずして。
▶クリスマスカードを飾ってお手軽にクリスマス感を演出。裏にはメニューやメッセージを。
▶楽しくなるクリスマス雑貨もテーブルに添えて。
▶ふだんの器も、赤い紐やリボンでクリスマスモードに。

pick up

左上：デザート（P68、真っ赤なゼリー）まで赤でそろえて。
右上：ふだんも使っている器もクリスマスに大活躍。紙ナプキンもあえて赤と紺のリボンで。
左中：IKEAで買ったクロスをメインに。この際、ひたすら赤×赤×赤もあり!?で。
右中：テーブルに置かれたカードの裏面にはメニューが。このときのクリスマスは英字新聞をクロス代わりに使用。
左下：赤いひもをくるっと巻いていつもの器を変身させます。   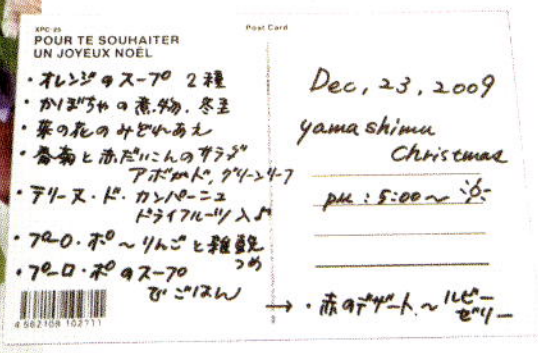  
右下：ふだんのグラスもお皿の上にのせれば、ぐっとよそいきに。

白いマッシュルームのサラダ

大きめのマッシュルームでぜひ。初めて食べた瞬間から「これやみつき！」の声が。

材料（4人分）
マッシュルーム … 15個　白みそ … カップ⅔
サワークリーム … カップ1　レモン汁 … 小さじ2

1 サワークリーム、白みそ、レモン汁を合わせてよく混ぜる。
2 マッシュルームは石づきを落とし、キッチンペーパーなどでふいて汚れを取り除く。縦半分に切って、ボウルに入れる。
3 食べる直前に 2 に 1 を加えて、全体にからめるようによく混ぜ合わせる。

実はクリスマスなんです。「大人のピンク」をテーマに、
トーンの違うピンク数色と、白だけを合わせました。

小さなグラスに1人1輪ずつ花を飾りました。
ピンクは共通で花の種類はいろいろ。好きな花を選んでもらって。

料理の色が地味だったので、芍薬に合わせて派手めに。
ワイヤー入りのナプキンリングはタイで見つけました。

初めてのお客様は白にすることが多いです。
ただし、籐のテーブルマットや、気軽な草花で緊張感を和らげます。

　　　　私が楽しい♪　が、みんながたのしい。

　人が集まる家にしたい。ずっとそう思ってきたからか、うちにはよく人が集まります。私もおもてなしビギナーズの頃は、肩をぶんぶん回して、できる料理をぜんぶ作るぞ！ってな勢いでした。そして、へとへとに疲れていました。あるとき、気がついたのです。まずは私が楽しく元気にみなさんを迎えられるのが、何よりも大切！　と。だから、疲れたり、面倒になったりしない、作る自分もウキウキ＆ワクワクする料理を作ろう！と。それは、「これを出したらみんながどんな顔するかな？」って想像すると思わずにんまりする料理。「これを作って、みんなにほめてもらおう♪」という料理です。楽しく作って、ほめてもらって、ダブルでうれしい。
　この本にはそんなうちのヒットメニューを集めました。
　疲れない＆簡単、でもびっくり！　な一品や、余裕をもって準備できる〝おいしー！が確実〟なもの、豪華に見えるけど失敗の少ないもの、など。もちろんいずれも、作ることそのものが楽しみなメニューです。あわせて、大人っぽいけど、ちょっとかわいさもあるテーブルのヒントもちりばめました。センスは感じていただきつつも、完璧すぎない、お客様にリラックスしてもらえる私なりのおもてなしのコツです。
　今日から、この本で、おもてなしは大変……ではなく、うれし♪楽し♪大好き♪になりますように。そしてなによりも、大好きな人と一緒に食べる喜びと、もてなす快感!?をかみしめてください。
　さてさて、この本は私の初めてのおもてなしの本です。世界の中心でありがとう！と叫びたい気分ですが、まずは、チャンスを与えてくれた清水麻衣子さん、ありがとう。そして敏腕なのにとてもチャーミング！　働く女性としても稀有な存在で、家庭料理への愛と造詣の深い講談社の古川ゆかさん、あなたの「おいしいっ！」の声と叱咤？激励に助けられました。高橋良さん、素敵なデザイン、ありがとう！
　さらに、代官山の料理教室に来てくれる永遠のガールズ！　みなさんが私の宝物です。また、ブログを読んでくださる方々にもお礼を申し上げます。
　サポートしてくれた匡美さん、貴子さん、知恵と時間をいただいた香織さん、邦子さん、あきさん、まさこママ、ありがとう。そして、私の料理の師匠である母にも。あなたが与えてくれたものが今の私を支えています。
　最後に、これまで寄り道＆間違いばかりしている私ですが、これだけは正解！でした。いつも一緒にうれしそうに食べてくれる相方に心からのアイと感謝を。

　　　　　　　　　　　　　　　　　　　　　　　　　　　　　　　　山脇りこ

山脇りこ

Riko's kitchen（リコズキッチン）主宰。フードコーディネイター、食育インストラクター。長崎の古い観光旅館で生まれ、季節を感じる食材や料理、しつらえをこよなく愛するように。世界各地の市場やレストランを訪ね、地産の食材で料理を作る＆習う旅を数多く経験するほか、ADF（Alain Ducasse／アランデュカス＋tsuji）でフレンチを学ぶ。いちばんの料理の師匠は母。もてなし好きが高じて、PRコンサルタント会社経営のかたわら、2005年から、自宅で友人を中心にした料理サロンを始める。2010年には代官山に小さな料理教室「リコズキッチン」をオープン。旬の料理と季節感のあるスタイリング、だしの教室などが人気に。2010年9月、電子書籍「Okazu Tokyo @ summer」を出版。2007年から1年間NYで暮らし、現在は東京で夫とふたりぐらし。

>> 電子書籍「Okazu Tokyo @ summer」
http://itunes.apple.com/app/okazu-tokyo-summer/id391382292?mt=8
>> ブログ「リコズキッチン～ひと手間かけて、旬ごはん♪」
http://ameblo.jp/marukinsyokudo/
>> Facebookページ「リコズキッチン」
http://www.facebook.com/Rikoskitchen
>> 料理教室「Riko's kitchen ★ cooking class」
http://marukin.exblog.jp/

撮影・スタイリング／山脇りこ　　ブックデザイン／高橋 良　　企画・構成／清水麻衣子

講談社のお料理BOOK
もてなしごはんのネタ帖
2011年8月22日　第1刷発行
2014年2月4日　第4刷発行

著者／山脇りこ
©Riko Yamawaki 2011, Printed in Japan

発行者／鈴木 哲
発行所／株式会社 講談社　〒112-8001　東京都文京区音羽2-12-21
編集部／03(5395)3527　販売部／03(5395)3625　業務部／03(5395)3615
印刷所／日本写真印刷株式会社　　製本所／株式会社若林製本工場

定価はカバーに表示してあります。
落丁本・乱丁本は購入書店名を明記のうえ、小社業務部あてにお送りください。送料小社負担にてお取り替えいたします。
なお、この本についてのお問い合わせは、生活文化第一出版部あてにお願いいたします。
本書のコピー、スキャン、デジタル化等の無断複製は著作権法上での例外を除き禁じられています。本書を代行業者等の第三者に依頼してスキャンやデジタル化することはたとえ個人や家庭内の利用でも著作権法違反です。

ISBN978-4-06-299537-5